著者

金子勝先生のやさしい憲法教室

――自民党「日本国憲法改正草案」をきる〈第一巻〉

本の泉社

目次

まえがき

「憲法の勉強をしませんか」と金子勝先生からお声をかけていただいたのは、二〇一二年の初夏のことでした。その年の四月二七日、自民党は「日本国憲法改正草案」を発表しました。「天皇の元首化」から始まり、九条の改変、基本的人権の抹殺など、自民党の露骨な国家観が丸見えの「草案」でした。金子先生はこの自民党の「草案」に大きな危機感を感じられて、お誘いくださったのでした。

私たちとしては諸手を挙げて、そのお申し出をお受けしたことは言うまでもありません。月一回、お仕事との関係で金曜日の夜ということになりました。「講座」というより、もっと先生との距離の近い「生徒」のような関係で学びたいと「憲法教室」とすることにしました。こうして二〇一二年七月「金子勝先生の憲法教室」は開講したのです。しかし、日本国憲法を一条ずつ読み解いていくといった、ある意味で地味な学習会にどれほどの参加者があるものだろうかと、大いに心配でした。先生は「一人でも聞いてくださる方がいればやります」ときっぱりと言い切られたことで、私たちはとても安心してスタートを切ることができました。ですから、七月二〇日に第一回を迎えた時、ほぼ満席の会場を見て、とてもうれしかったことを覚えております。

今は、リピーターの方々も多く、その方たちがしっかりと「教室」を支えてくださっていて、もう本当の同級生のような感じもある「教室」になっています。

授業は逐条的に「日本国憲法」の条文を解説しながら、自民党「草案」の条文と照らし合わせて、なぜその部分を変えようとしているのかを解き明かしていくという形です。またそれだけでなく、その時々に為政者が仕組んでくる反動的な悪法についても、その本質や法的問題点などを、「特別授業」という形でじっくりと学習してきました。たとえば、「改憲は『ナチスの手口で』―安倍自民党政権の改憲戦略を暴く　本音の麻生発言」（第一四回・二〇一三年八月二三日）、「『特定秘密保護法案』の狙いを暴く―秘密の鎖に繋がれる国民」（第一七回・二〇一三年一一月二二日）等々、先生の講義のネーミングも本質を突いたものので、それだけでぜひその授業を受けたいと思わせるものです。「戦争法」がたたかいの焦点となったときは五回にわたって「侵略戦争法」を学び、私たちはその講義を力としました。

婦人民主クラブは以前から、法律の面で知りたいことが出てくると金子先生にそのテーマでお話しいただくなど、先生が何時も快く引き受けてくださることをいいことに「こき使って」おりました。まだ、なぜ先生が私たちの団体を選んでお声をかけてくださったのか、その真意はうかがっていないのですが、私の勝手な推察では、それは婦人民主クラブの歴史にあるのではないかと思っております。

婦人民主クラブは一九四六年三月一六日創立の女性団体です。敗戦後すぐから準備され、日本国憲法施行一年前に誕生いたしました。今年創立七二周年を迎えます。創立にかかわったのは、宮本百合子、羽仁説子など、著名な女性たちでしたが、戦争の恐怖を体験し、平和を待ち望んでいた女性たちの希望を背負って、組織は瞬く間に全国に広がりました。宮本百合子は婦人民主クラブ創立の呼びかけ文の中で「一人一人が切り離されて、うれしい顔を知っているのは、その人の手に持たれた鏡だけ、悲しい涙を知っているのは、その人のつましい枕だけという人生」と戦前の女性たちの無権利な状況について述べています。そんな女性たちにとって憲法第二四条は、どれほど励ましになったことでしょう。

宮本百合子は、憲法が施行されて間もない六月に次のような文章を書いています。「新憲法は五月三日実際の効力を発揮した。婦人にとって注目すべきことは、この憲法が基本的な人間の権利として、社会のあらゆる面に婦人のこれまで受けてきた差別的待遇を否定していることである。性別にかかわらず、平等な権利と義務を持つ独立の人格として女性を扱おうとしていることが、新憲法の大きな意味である。」（一九四七年六月四日付・新潟日報「民主文学」二〇一二年一二月号より）と女性にとっての憲法の意義を鋭く説いています。女性たちは同時に、第九条の条文を心からの喜びをもってうけとめました。以来、日本国憲法は私たちの運動の中で何よりの道しるべとなったのです。婦人民主クラブは片手に日本国憲法を、片手に百合子の言葉「平和を手離さない」を握りしめて、運動を続けてまいりました。

「自民党が憲法改悪をあきらめるまで、この教室は続けます」という金子先生の情熱に押されて、二〇一七年一一月には一度の休講もなく六五回を迎えました。

金子先生は、「憲法教室」が始まるにあたって、「私たちが憲法を学ぶことは大きな目的がある。それは一人ひとりが憲法の語り部になること。そして星の数ほどの憲法の学習会を開くこと」だと常々話されています。憲法を守るには、実に多くの人が自らのことばで語り続けなければならないということをおっしゃっているのです。

今、安倍自公政権は、何としても日本国憲法を葬り、物言えぬ国民に仕立て上げ、ファシズムへの道をひた走ろうとしています。金子先生は詩集『戦争を拒む』（詩人会議発行）の中で、「みんなで「『安保』ファシズム」の木を伐ろう　反「『安保』ファシズム」統一戦線の斧を創り研いて」と力強い詩を編まれています。大きく育ってしまった憲法大違反の「『安保』ファシズム」の木は、みんなで切り倒さなければなりません。

日本国憲法施行から七〇年を過ぎ、ますますその価値を、輝きを、増しています。「憲法教室」の講義内容が一冊にまとめられ、上梓されたことは私たちにとって本当にうれしいことです。このご著書が広く全国で愛読され、「星の数ほどの学習会」の手助けとなり、「憲法の語り部」を大勢輩出し、自民党の「草案」を打ち砕く大波のように広がることを心から願ってやみません。

二〇一八年一月

婦人民主クラブ　会長　櫻井 幸子

新たな「改憲情勢」の出現とその背景

金子勝先生の憲法教室 1

改憲問題の歴史の段階は、今、「最終段階」に入ったと言うことができます。二〇一一年一〇月二一日より、改憲案を審査して衆議院と参議院に提出できる衆議院・参議院の「憲法審査会」が活動を始めました。「日本国憲法の改正手続きに関する法律」は、すでに二〇一〇年五月一八日に施行されています。さらに、保守各党が「総掛り」で改憲活動を開始しました（「第一表」参照）。こうした新たな「改憲情勢」を出現させた背景には、次のことを上げることができます。

第一に、米オバマ政権の「アジア太平洋地域最優先」政策により、「地球的規模での協力のため」の「日米同盟」（二〇〇六年六月二九日発表の日米共同文書「新世紀の日米同盟」）となった二一世紀の「日米安全保障条約」体制（米国至上主義型米日核軍事・経済同盟体制）に基づく日本の軍事的・経済的・政治的・文化的な対米従属が一層強まっていることです。オバマ大統領は、二〇一一年一一月一七日のオーストラリア連邦議会での演説で、中国の世界的台頭を見据えて、「アジア太平洋地域は、世界で最も急速な経済成長を遂げ

第一表　保守党・保守派の改憲案

党・派の改憲案	その内容
一院制議員連盟 改憲原案を国会提出 2012年4月27日	定数500の一院制
自由民主党 日本国憲法改正草案 2012年4月27日	国防軍の保持　緊急事態　天皇元首化
たちあがれ日本 自主憲法大綱案 2012年4月25日	前文に伝統的価値観、国柄を明確化　天皇元首化　自衛軍の保持
みんなの党 憲法改正に関する「基本的考え方」 2012年4月27日	統治機構の根本的変革（渡辺代表）一院政　首相公選制　道州制　自衛権のあり方を明確化
大阪維新の会 維新政治塾・レジュメ 2012年3月10日	首相公選　参院廃止　9条改定の国民投票実施

（出所）2012年4月29日付「しんぶん赤旗」。

ており、アメリカ国民の雇用や機会を創出するという私にとっての最優先課題を達成する上でも不可欠だ」。「太平洋国家として、アメリカは、この地域とその未来の形成に向け、より大きなより長期的な役割を担っていく」。「アメリカの国防費削減は、アジア太平洋地域を犠牲にして行われることは決してない。アメリカは、この地域に強力な軍事的プレゼンスを維持するのに必要なだけの資源配分を行っていく」。「日本との同盟関係は今後も域内安全保障における要石であり続ける」といっています（二〇一一年一一月一八日付「読売新聞（朝刊）」）。

第二に、日本の「軍事」政策の転換、即ち、従来の「基盤的防衛力」から「動的防衛力」への転換です。二〇一〇年一二月一七日に菅直人内閣が閣議決定した新「防衛計画の大綱」は、「高度な技術力と情報能力に支えられた動的防衛力を構築する」とうたっています。基盤的防衛力は、他国を攻撃に行かない防衛力のことですが、動的防衛力は、他国を攻撃に行く防衛力（侵略ができる防衛力）のことです。

野田佳彦内閣は、二〇一一年一二月七日に、「武器輸出三原則」の緩和を決定。外国との武器の共同開発・生産を認めましたし、国際連合平和維持活動（Peace keeping-Operations：PKO）で派遣された自衛隊の重機（大型武器）や防弾チョッキなどを相手国に渡すことも認めました。二〇一二年六月二〇日に成立した「原子力規制委員会措置法」の「付則」で、「原子力基本法」が改変され、原子力利用の「安全確保」は「国民の生命、健康」などと並んで「我が国の安全保障に資することを目的として」おこなうとする項目が追加されました。日本に「核兵器」保有の道を拓いたことになります。また二〇一二年六月二〇日に、「宇宙航空研究開発機構法」が改定され、活動は「平和目的に限る」（第四条）の規定が削除されました。

さらに、野田内閣の「国家戦略会議」（議長・野田首相）の「フロンティア分科会」が二〇一二年七月六日に提出した報告書には、「集団的自衛権の（憲法）解釈見直しも検討」が入れられました。「集団的自衛権」とは、自国が武力攻撃を受けていなくても、武力攻撃を受けた国によるその旨の表明とその国からの援助の要請があれば、自国が武力攻撃を受けたとみなして、武力攻撃を加えている国に武力攻撃を加えることができるという権利ですので、「集団的自衛権」が行使できれば、日本はアメリカと共同で世界中どこででも戦争ができることになります。このようななかで「秘密保全法」の制定が急浮上しています。

野田内閣は、二〇一二年六月一六日、関西電力大飯原子力発電所の第三号機・第四号機再稼働を決定、これにより日本の潜在的核保有が継続されたことになります。原子力発電の使用済み核燃料（ウラン）から取り出されるプルトニウムで、核兵器を作ることができる（八キログラムで原子爆弾を一つ作ることができる）からです。こうした日本の「戦争国家」作りに対応して、改憲活動が勢いを増しているのです。

日本の「戦争国家」作りは、アメリカの要求だけでなく、日本資本主義の要求でもあるのです。日本資本主義は、自己の存続と巨大化のために、次のことを求めております。

第一は、外国の資源を略奪する侵略戦争や侵略目的の武力による威嚇及び武力の行使ができる戦争国家が欲しいということです。

第二は、日本の大企業（多国籍企業）が海外で持つ権益、日本の大企業が海外で持つ子会社をまもるための侵略戦争や侵略目的の武力による威嚇及び武力の行使ができる戦争国家が欲しいということです。

日本の企業が海外に持つ企業数は、二〇一一年一〇月現在で、六三九八社の企業が、三万一五六八社（そのうち、日本の企業の出資比率が一〇％以上の日系の現地企業数は、二万三八五八社、日本からの進出企業数は、四二六六社、日本企業の海外支店・駐在員事務所数は、三四四四ヵ所）を持っています（東洋経済新報社『海外進出企業総覧二〇一二（国別編）』・二〇一二年・一〇頁、一八二六頁）。

第三は、日本資本主義の求める世界秩序に挑戦する国や集団を征伐する侵略戦争や侵略目的の武力による威嚇及び武力の行使ができる戦争国家が欲しいということです。

そのことの証拠は、第一に関しては、アメリカ資本主義のためにアメリカの国家が中東の支配権とイラクの石油を狙って「イラク戦争」を始めると（二〇〇三年三月二〇日）、日本の国家は、アメリカへの戦争協力とイラクの石油（アメリカの国家から分けてもらう）を狙って、「イラク戦争」に参戦し、陸上自衛隊をイラクのサマワに派遣しました（二〇〇四年一月一六日―二〇〇六年七月二五日）。航空自衛隊をクウェートに派遣しました（二〇〇三年一二月二六日―二〇〇八年一二月一二日）。

第二に関しては、アフリカ・ソマリア沖・アデン湾の海賊対処活動を行うという理由で（本当の目的は、アフリカのエネルギー・鉱物資源の獲得のために）、ジブチ共和国に自衛隊の海外軍事基地を建設し（二〇一一年六月一日から使用開始）、日本の企業や外国の企業の船舶を保護する軍事活動を実施しております（二〇〇九年三月一三日より）。

第三に関しては、アメリカの国家が、中央アジアとそこにある石油・天然ガス資源をアメリカ資本主義のものにしようとして、テロリズム根絶の名目を掲げて、イスラム教派タリバン政権を打倒するための「アフガニスタン戦争」を始めると（二〇〇一年一〇月七日)、日本の国家は、「アフガニスタン戦争」に参戦し、インド洋上(ペルシャ湾を含む)で、海上自衛隊を以て、アメリカ軍・イギリス軍・フランス軍・パキスタン軍・カナダ軍などに給油・給水の無償提供を実施しました(二〇〇一年一二月二日—二〇〇七年一一月一日、二〇〇八年二月二一日—二〇一〇年一月一五日)。

「資本主義が、他国・他民族の資源を略奪するために、自国の国家に侵略戦争や侵略目的の武力による威嚇及び武力の行使を行わせる」、「資本主義が、自己の求める世界秩序に挑戦する国や集団を征伐するために、自国の国家に侵略戦争や侵略目的の武力による威嚇及び武力の行使を行わせる」、「資本主義が、自己の権益をまもり、拡張するために、自国の国家に侵略戦争や侵略目的の武力による威嚇及び武力の行使を行わせる」、それは、資本主義が、「帝国主義」化した形態です。

帝国主義とは、今日では、資本主義が、自国の「戦争国家」と自己の多国籍企業型大企業を用いて、他国・他国民族・他国人民を、侵略したり抑圧したり併合したりして、経済的政治的法的文化的に支配・搾取・差別する立場のことです。多国籍企業とは、基本的には、自国の巨大企業が、諸外国に多くの子会社を作って親会社となり、当該親会社と親会社の管理・統制を受ける子会社とが一体化して、世界中で、最高利潤を求めて企業活動する企業組織の総体のことです。

日本資本主義は、究極的には、アメリカやイギリスやフランスやロシアの資本主義が帝国主義化しているように、帝国主義への昇華を狙っております。

金子勝先生の憲法教室 2

自民党「改憲草案」を読み解く
前文

自由民主党（自民党）は、二〇一二年四月二七日、「日本国憲法改正草案」を決定しました。今回は、その「前文」を取り上げます。

世界のほとんどの憲法は、前文を持ち、次に一条以下の本文が続き、全文を構成しています。前文には、憲法制定の理由、憲法の目標、憲法の基本原理などが明記されております。前文は、本文各条項の「解釈基準」という性格をもち、また「法的権利」（裁判で救済が得られる権利）としての性格、「国政の指導理念」という性格も合わせもっています。

現行の日本国憲法の「前文」は、次のようにうたっています。

①「日本国民は、正当に選挙された国会における代表者を通じて行動（する）」。――「間接民主制」（代表者を媒介にして国民が国家の意思を決め、それに基づいて行動する制度）の採用です。

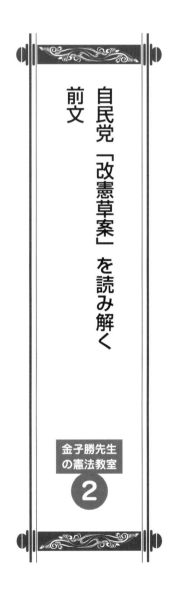

②日本国民は、「わが国全土にわたって自由のもたらす恵沢を確保（する）」。

――「基本的人権」の尊重の採用です。基本的人権とは、（1）国家といえども奪うことができない、従って、誰からも奪われない人間の権利（行為の正当性）のことであり、（2）人間が、人間たるに値する存在として、生活し、自己の肉体的精神的能力を最高に発展させるために不可欠の人間の権利のことであり、（3）心と身体と職業と財産が誰からも統制されない人間の権利のことです。

③日本国民は、「政府の行為によって再び戦争の惨禍が起ることのないようにすることを決意し（た）」。

――「平和主義」の採用です。

④日本国民は、「ここに主権が国民に存することを宣言（する）」。

――「国民主権」の採用です。国民主権とは、（1）国家（一つの地域を統治する「公的機関）の保有する「統治権＝主権」を保有する正当性・行使する正当性を有する者（主権者）は、国民の集団であり、国民一人一人は、主権の割符をもつ、（2）国家の行う政治の最終決定権は、国民がもつ、（3）国民の代表（議員、国務大臣、首長、国家機関、自治体機関）の決定は、「仮の決定」であり、国民は、「仮の決定」を否定できる。（4）国民は、選挙権と被選挙権を行使して、国家の意思の決定と国家の意思の執行に関与できる、とする思考のことです。

⑤「われらは、全世界の国民が、ひとしく恐怖と欠乏から免かれ、平和のうちに生存する

権利を有することを確認する。」

——「平和のうちに生存する権利＝平和的生存権」の採用です。「平和的生存権」とは、（1）「平和」のもとで（戦争と戦争の原因となる軍隊・武器・貧困・暴力・差別がないもとで）、（2）誰もが、（3）戦場とその周辺に派遣されずに、（4）自由に・平等に・豊かに生きる権利のことです。

名古屋高等裁判所は、「自衛隊イラク派遣差止め訴訟」において、平和的生存権の法的権利性を認めました（二〇〇八年四月一七日判決）。

⑥「われらは、いづれの国家も、自国のことのみに専念して他国を無視してはならない（と信ずる）」。

——「侵略主義」の否定の採用です。「平和主義」の一環です。

⑦われらは、「自国の主権を維持し、他国と対等関係に立（つ）」。

——「国家主権」（国家の独立権）の採用です。日本国は、他国を植民地・従属国にしないし、他国の植民地・従属国にならないとの宣言です。

これに対して、自民党の「改憲草案」の「前文」はどんなものなのか、みていきます。

①「日本国は、長い歴史と固有の文化を持ち、国民統合の象徴である天皇を戴く国家であって」と、冒頭から日本国は、「君主（天皇）制国家」の国であると宣言し、次に、付け足しのように「国民主権の下、立法、行政及び司法の三権分立に基づいて統治される」としています。

――国民主権を従える天皇が中心の日本国の宣言です。

②「我が国は、先の大戦による荒廃や幾多の大災害を乗り越えて発展し、今や国際社会において重要な地位を占めており、平和主義の下、諸外国との友好関係を増進し、世界の平和と繁栄に貢献する」

――「平和を名目とする軍事的国際貢献」実行の宣言です。

③「日本国民は、国と郷土を誇りと気概を持って自ら守（る）」。

――国民に兵士となる義務を課することの宣言、つまり「徴兵制」の採用の宣言です。

④日本国民は、「基本的人権を尊重する」。

――基本的人権を尊重する国民は、他の国民の基本的人権を侵害することは許されないから、国家が国民の基本的人権の行使を調整しますと主張できます。国民の基本的人権を国家が管理することの宣言です。

⑤日本国民は、「和を尊び、家族や社会全体が互いに助け合って国家を形成する」。

――困っている人は家族や社会全体（ボランティア）で助けるという意味ですから、国家による社会保障の限りない切り捨てが可能となります。「社会保障に責任を持たない国家」を作ることの宣言です。

⑥「我々は、自由と規律を重んじ、美しい国土と自然環境を守りつつ、教育や科学技術を振興し、活力ある経済活動を通じて国を成長させる」。

――活力ある経済活動のためには大企業を大切にしなければならないとなりますから、大企業優遇政治を行うことの宣言です。

⑦「日本国民は、良き伝統と我々の国家を末長く子孫に継承するため、ここに、この憲法を制定する」。

――「良き伝統」とは天皇中心主義の日本のあり方です。天皇を載く国家を復活させるための改憲であることの宣言です。

歴史は進歩しますが、自民党の改憲は、何の進歩的要素もない、従って、何の民主的要素もない改憲といわざるを得ません。

自民党「改憲草案」を読み解く「元首」天皇

金子勝先生の憲法教室 3

日本国憲法も自民党の「改憲草案」も、第一章は、「天皇」です。

「日本国憲法」は、第一条で「天皇は、日本国の象徴であり日本国民統合の象徴であつて、この地位は、主権の存する日本国民の総意に基づく」とうたっています。

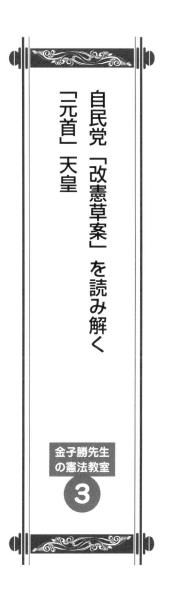

「象徴」とは、抽象的なものを表現する具体的なものという意味ですが、天皇（全世界・万物を支配する王のことを指す言葉、君主＝国王の日本的呼び名）という国家機関は、見えない日本国・見えない日本国民のまとまりが、ここにありますと示す役割を果たす存在物であるということになります。国民の総意で、このような天皇の存在を認めることを決めたとしております。それ故、主権者国民の意思で、憲法改正の手続（憲法第九六条第一項）を用いて、天皇という国家機関を廃止することができます。

第二条で、「皇位は、世襲のものであつて、国会の議決した皇室典範の定めるところにより、これを継承する」と定めて、皇位（天皇の地位）の「世襲」（親の地位を血のつながりのある子が自動的に受け継ぐこと）を採用しております。国民主権のもとで、「世襲」が認められる国家機関は、どこの国においても、君主機関のみです。国民主権のもとでの君主（国王）の「絶対的条件」は、「世襲」的位地ですから、「世襲」を条件としている天皇は、国民主権のもとでの君主です。

主権者国民は、天皇の地位に就任することはできません。

皇室典範は、「皇位は、皇統に属する男系の男子が、これを継承する」（第一条）としておりますから、天皇の地位に就くことができるのは、男系の男子、つまり、天皇の子の男子から生まれた男子です。天皇の子の女子から生まれた男子は、女系の男子ですから、天皇の地位に就くことはできません。女性も、天皇の地位に就くことはできません。日本国憲法第一四条第一項の「法の下の平等」に違反します。ヨーロッパの君主国（一一ヵ国）のうち、スウェーデン、ルクセンブルク、ベルギー、オランダ、ノルウェー、デンマーク、イギリスでは、性別を問わず、長子を王位継承の第一順位としております。

第三条では、「天皇の国事に関するすべての行為には、内閣の助言と承認を必要とし、内閣が、その責任を負う」と定め、第四条第一項では、「天皇は、この憲法の定める国事に関する行為のみを行ひ国政に関する権能を有しない」と定めております。「象徴」としての天皇は、「国政に関する権能」を有しておりませんから、自己の自発的意思によって「国事に関する行為」を行うことができない存在、いかなる政治活動も行うことができない存在、いかなる決定も行わない存在（国家機関）です。それ故、天皇は、「主権者」でもなく、「元首」（今日では、対外的には、国家の代表者、対内的には、行政権の実質的又は名目的な首長）でもなく、存在することに意義がある国家の「装飾物」です。

天皇は、国政に関する権能を有しない政治的無権能の君主、「象徴」として、統治も君臨（威圧）もしない君主ですから、国民主権のもとでの最も完成された君主（君主の最終形態の君主）の一形態です。「象徴君主」は、国民主権のもとでの君主の理想型です。

天皇が国家機関として行う仕事は、内閣の「助言」と「承認」に基づいて行う「国事に関する行為」（国家に関係する作業）のみです。その「助言」とは、内閣が、天皇に「国事に関する行為」を行う事柄が生じたことを知らせ、それを行うことを促すことであり、その「承認」とは、天皇の「国事に関する行為」の実施方法に同意することです。天皇は、自発的意思で「国事に関する行為」を行う権能を有しておりませんから、「国事に関する行為」の実施を天皇に促す内閣が、「国事に関する行為」の実施に伴って生じる責任を負わなければなりません。

天皇が「内閣の助言と承認」のもとに行う「国事に関する行為」は、次の一二項目です。

① 国会の指名に基づく内閣総理大臣の任命（第六条第一項）、
② 内閣の指名に基づく最高裁判所の長たる裁判官の任命（第六条第二項）、
③ 憲法改正、法律、政令及び条約の公布（第七条第一号）、
④ 国会の召集（第七条第二号）、

⑤　衆議院の解散（第七条第三号）、
⑥　国会議員の総選挙の施行の公示（第七号第四号）、
⑦　国務大臣及び法律の定めるその他の官吏の任免の認証、全権委任状の認証、大使及び公使の信任状の認証（第七条第五号）、
⑧　大赦、特赦、減刑、刑の執行の免除及び復権の認証（第七条第六号）。
⑨　栄典の授与（第七条第七号）、
⑩　批准書及び法律の定めるその他の外交文書の認証（第七条第八号）、
⑪　外国の大使及び公使の授受（第七条第九号）、
⑫　儀式の挙行（第七条第一〇号）。
右の天皇の「国事に関する行為」の性格は、四つの種類に分類することができる。

第一の類型は、他の国家機関によって行われた内定（実質的決定）を、天皇の形式的決定によって、本決まりにし、それに価値を付加する権威付国事行為である。

　ここに属するものは、①の国会で指名された内閣総理大臣の任命であり（第六条第一項）、②の内閣で指名された最高裁判所の長たる裁判官（長官）の任命である（第六条第二項）。

また、④の内閣の実質的決定に基づく国会の召集（第七条第二号）、⑤の内閣の実質的決定に基づく衆議院の解散（第七条第三号）、⑨の内閣の実質的決定に基づく栄典（功績を誉めて与えられる特別の取り扱い）の授与（第七条第七号）である。

　第二の類型は、他の国家機関の行った行為を世に知らせる告知的国事行為である。

ここに属するものは、③の憲法改正（国会の発議・国民の承認、第九六条第一項）、法律（国会の制定、第五九条）、政令（内閣の制定、第七三条第六号）、条約（内閣の締結・国会の承認、第七三条第三号・第六一条）の公布（第七条第一号）であり、⑥の内閣の実質的決定に基づく国会議員の総選挙の施行の公示（第七条第四号）である。

第三の類型は、他の国家機関の行った行為を正当なものと証明する認証的国事行為である。

ここに属するものは、⑦の国務大臣の任免（内閣総理大臣が任免する、第六八条）の認証、法律の定めるその他の官吏の任免の認証（例えば、内閣が任命する最高裁判所判事の任免は天皇が認証する、裁判所法第三九条第二項・第三項）、内閣が決定（第七三条第二号）する全権委任状（特定の条約を締結するための権限を与えることを公証する文書）の認証と大使（外交使節の首席を勤める人）及び公使（外交使節の次席を勤める人）の信任状（特定の人を外交使節として派遣することを公証する文書）の認証である（第七条第五号）。また、⑧の内閣が決定（第七三条第七号）する大赦（政令で罪の種類を定めて行う恩赦——行政権が有罪の言渡効力を消滅させる行為、或いは、公訴権を消滅させる行為——、恩赦法第二条・第三条）、特赦（有罪の言渡効力を失わせる恩赦、恩赦法第四条・第五条）、減刑（政令で罪や刑の種類を定めて行われる制裁を軽くする恩赦、恩赦法第六条・第七条）、刑の執行の免除（刑の言渡を受けた特定の人に刑の執行を免除する恩赦、恩赦法第八条）、復権（政令で要件を定めて、或いは、人を特定して行う資格を回復させる恩赦、恩赦法第九条・第一〇条）の認証である（第七条第六号）。更に、⑩の批准書（国会の承認によって成立した条約を内閣が審査して、その効力を確定させたこと〔批准〕を明示する文書）の認証、法律の定めるその他の外交文書（外交交渉で用いられた公の文書）の認証（例えば、大使及び公使の解任状の認証、外務公務員法第九条）である（第七条第八号）。

政治的権能を有しない天皇は、認証を拒否できない。天皇の理由で認証が行われなかった場合は、認証がなくても、その行為は、無効とはならない。

第四の類型は、定式化された儀式（事や人の節目に行われる催し）を行う儀礼的（形が定まっている）国事行為である。

ここに属するものは、⑪の外国の大使及び公使の接受（第七条第九号）である。接受とは、本来は、外交使節に対してアグレマン（agrément 外国が外交使節を派遣するに先立って受入国が与える同意、これがないと外交使節を派遣できない）を与え、その信任状を受ける行為であるが（日本国憲法では、内閣の権限、第七三条第二号）、天皇は、政治的権能を持たず、外交処理権を有していないため、その接受は、外国の大使及び公使を「接見」（会うこと）することを意味する。しかし、現実は、内閣は、外国に対し、天皇に信任状を出すよう指示し、天皇が信任状を受け取っている。また、⑫の儀式の挙行（第七条第一〇号）である。この儀式は、国家として行う儀式であり、天皇が主宰する儀式であり、非宗教的儀式（国家と宗教の分離原則から、憲法第二〇条）である。他国や自国の他の国家機関が主宰する儀式は、この場合の「儀式」に該当しないので、天皇は、それに関与することはできない。

皇室典範が定める「皇位の継承があったとき」に行われる「即位の礼」（第二四条）や「天皇が崩じたとき」に行われる「大喪の礼」（第二五条）は、非宗教的儀式として行われる場合に、この⑫の儀式に該当する。

天皇の国事行為は、形式的・儀礼的・非宗教的な性格を有する行為である。

日本国憲法は、天皇が国家機関として行う行為（公的行為）は「国事に関する行為のみ」と限定をしておりますが、現実的には、天皇は、内閣の承認のもと、国家機関の行為として、「象徴としての公的行為」と呼ばれる行為を行っております。内閣は、象徴という地位から、公的行為は可能となるという見解を示しております（二〇一〇年二月一八日の衆議院予算委員会の理事会で示された、鳩山由紀夫内閣の「天皇の公的行為についての政府見解」）。「天皇の公的行為」とは、例えば、外国賓客の接遇、外国訪問、国会開会式への出席と言葉の表明、新年一般参賀への出向、全国植樹祭・国民体育大会・全国豊かな海づくり大会・全国戦没者追悼式などの全国規模の行事への出席、被災地への見舞、福祉施設への慰問、歌会始、講書始、園遊会などがあげられております。

日本国憲法の規定に厳格に当てれば、「天皇の公的行為」は、明白な第四条第一項違反です。日本国憲法のもとでの天皇の行為は、公的行為となる「国事に関する行為」と国家が関与しない「私的行為」（例えば、明仁天皇の場合、ハゼの研究、テニス、私的な交流、新嘗祭などの宮中祭祀）の二つですが、現実的には、今日、日本国憲法が歪められて、公的行為となる「国事に関する行為」と「象徴としての公的行為」と「私的行為」の三つとなっております。

第五条では、「皇室典範の定めるところにより摂政を置くときは、摂政は、天皇の名でその国事に関する行為を行ふ」と定めております。

摂政とは、天皇に代わって天皇の政務を行う機関のことですが、日本国憲法では、天皇に代わって、天皇の名で、天皇の行う「国事に関する行為」を実施する機関のことを言います。摂政は、天皇と同じく、「国政に関する権能」を有しておりません（憲法第五条）。

皇室典範は、「天皇が成年（一八年――引用者）に達しないときは」（第一六条第一項）、自動的に、また、「天皇が、精神若しくは身体の重患又は重大な事故により、国事に関する行為をみずからすることができないときは、皇室会議の議により」（第一六条第二項）、「摂政を置く」としております。

皇室会議は、皇室典範によれば、選挙された皇族二名、衆議院及び参議院の議長及び副議長、内閣総理大臣（議長）、宮内庁の長、最高裁判所の長たる裁判官及びその他の選挙された裁判官（一〇名の議員）で構成されます（第二八条・第二九条）。

摂政になることができるのは、皇室典範によれば、「成年に達した皇族」です（第一七条）。

日本国憲法は、天皇を「国政に関する権能を有しない」機関にした上で、天皇の公的行為を「国事に関する行為のみ」に限定し（第四条）、且つ、摂政の制度を設置して（第五条）、天皇の「生前退位」を否認しています。皇室典範が、それを「天皇が崩じたときは、皇嗣（天皇の跡継――引用者）が、直ちに即位する」（第四条）と表現しています。天皇の「生前退位」の否認は、権力者による天皇降しや皇族内での皇位の奪い合いを阻止して、天皇制を安定させるための措置ですし、国民同士を皇位をめぐる争いで分裂させないようにする（皇族が国民を操ることができないようにする）ための措置です。

天皇家は、一年間の生活費として、二〇一七年度、三億二四〇〇万円の内廷費を受け取っています。

宮家は、同様に、当主が、三〇五〇万円、妻が、当主の二分の一（一五二五万円）、子が、未成年の場合、当主の一〇分の一（三〇五万円、一人につき）、成年の場合、当主の一〇分の三（九一五万円、一人につき）の皇族費を受け取っています。

さて、自民党の「改憲草案」は、「天皇」をどのようにしようとしているのでしょうか。第一条は、「天皇は、日本国の元首であり、日本国及び日本国民統合の象徴であって、その地位は、主権の存する日本国民の総意に基づく」です。天皇は、「元首」と明記されています。同時に、「象徴」です。

「元首」には、国家の対外的・対内的代表として、国の「象徴」の地位が含まれておりますから、日本国憲法の「象徴」とは異なって、政治的な「象徴」となります。日本国憲法が封印した天皇の政治活動が可能となります。「天皇陛下のための政治」が可能となり、「国民のための政治」は失われていくことになります。

「改憲草案」は、天皇を「元首」としましたから、それに合わせて、天皇が、「国事に関する行為」と「元首としての公的行為」をできるようにしております。第五条で、「天皇は、この憲法に定める国事に関する行為を行い、国政に関する権能を有しない」と定め、日本国憲法にあった「国事に関する行為のみを行ひ」（第四条）の「のみ」を削除しました。そして、第六条第五項で、「第一項及第二項に掲げるもの（「国事に関する行為」の一二項目のこと――引用者）のほか、天皇は、国又は地方自治体その他の公共団体が主催する式典への出席その他の公的な行為を行う」としております。日本国憲法のもとで、内閣が、「象徴としての公的行為」を作り、それを天皇に許したのは、天皇を、実質的には、「元首」にするためでした。天皇の「公的行為」を無限に作ることができます。

「改憲草案」の定める天皇の「国事に関する行為」は、日本国憲法と同じ一二の行為（第六条第一項・第二項）ですが、天皇が「国事に関する行為」を行う場合、「改憲草案」は、次のようにいたしました。「天皇の国事に関する全ての行為には、内閣の進言を必要とし、内閣がその責任を負う。ただし、衆議院の解散については、内閣総理大臣の進言による」（第六条第四項）。

「進言」とは、上の者に意見を申し述べるという意味です。日本国憲法は、「天皇の国事に関するすべての行為には、内閣の助言と承認を必要とする」（第三条）としておりますから、その内閣は、天皇を指導する内閣ですが、「改憲草案」は、「助言」を「進言」に変更し、「承認」を削除しておりますから、その内閣は、天皇に仕える内閣となります。「天皇陛下の内閣」が生まれます。

「改憲草案」も、「摂政」を設置しております。「皇室典範の定めるところにより摂政を置くときは、摂政は、天皇の名で、その国事に関する行為を行う」（第七条第一項）。この場合、内閣の進言が必要となります（第七条第二項）。しかし、「摂政」は、天皇の「公的行為」（第六条第五項）を行わないと明記されておりませんので、何らかの理由を作って、「摂政」に天皇の「公的行為」を行わせることが考えられます。

第二条の「皇位の継承」は、日本国憲法と同じで、「皇位は、世襲のものであって、国会の議決した皇室典範の定めるところにより、これを継承する」としております。注目すべきは、第三条の第一項で、「国旗は日章旗とし、国歌は君が代とする」（新設）とうたい、その第二項で、「日本国民は、国旗及び国歌を尊重しなければならない」（新設）とうたっていることです。「日の丸」（国旗）・「君が代」（国歌）を憲法で保護し、代えることを難しくし、日本国が天皇の君主国であることを鮮明にしようとしております。東京都や大阪府で行われている「君が代」を歌わない人を処罰することが、全国の地方自治体で可能となります。「日の丸」を破ったり、汚したりする人を処罰できますし、国民の祝日に「日の丸」を掲げることを強制し、従わないと処罰するということも可能となります。

更に、第四条で、「元号は、法律の定めるところにより、皇位の継承があったときに制定する」（新設）とうたっています。

「元号」は、皇帝が、土地と人間だけでなく、歴史までも支配するという考えに基づいて、中国で作られた（紀元前一四〇年）もので、日本では、天皇が土地と人間だけでなく、歴史までも支配するとするために、中国を真似て取り入れられました（六四五年）。今日、「元号」を使用しているのは、日本国と朝鮮民主主義人民共和国（「主体」を使っている）のみです。「日の丸」は、天皇家の祖先神とされる天照大神が、太陽神とされていますので、天皇家の旗です。「君が代」は、天皇の支配は永続に続くという歌です。「日の丸」・「君が代」・「元号」は、天皇（家）の人民支配の道具（三点セット）です。この三つの道具を憲法に明記することによって、「元首」となった天皇の国民を支配する力、天皇を元首とする国家の国民を支配する力を強化しようとしております。「日の丸」、「君が代」の強制だけでなく、「元号」の使用の強制も、行われることになります。

見落としてはならないのは、第百二条第一項に、「全て国民は、この憲法を尊重しなければならない」、同第二項に、「国会議員、国務大臣、裁判官その他の公務員は、この憲法を擁護する義務を負う」という規定があることです。

国民に憲法尊重の義務を負わせ、天皇・摂政には憲法擁護義務を負わせていませんし、憲法尊重の義務も負わせていません。これは、憲法に拘束されない天皇・摂政を作ろうとしていることを意味します。天皇・摂政は、憲法を破っても責任を問われることはありませんから、天皇・摂政を利用した独裁政治が可能となります。それ故、「憲法草案」は、天皇支配のために基本的人権も国民主権＝民主主義（人民が主権を持って、自らの手で、人民のための政治を行う立場）も地方自治も認めなかった第二次世界大戦前の大日本帝国の復活を狙っております。

自民党「改憲草案」を読み解く「戦争の放棄」の放棄

金子勝先生の憲法教室 4

日本国憲法の第二章は、「戦争の放棄」です。

「第九条」は、第一項において、「日本国民は、正義と秩序を基調とする国際平和を誠実に希求し、国権の発動たる戦争と、武力による威嚇又は武力の行使は、国際紛争を解決する手段としては、永久にこれを放棄する」と定め、第二項において、「前項の目的を達するため、陸海空軍その他の戦力は、これを保持しない。国の交戦権は、これを認めない」と定めております。戦争という相互戦闘行為は、通常、対立する当事者（国家、民族、部族、宗派、政治集団等）間の紛争が「話し合い」で解決しない時に、「武力」を用いてその紛争を解決しようとして始められるものですから（この「話し合い」をしないで、戦争が始められることは、九分九厘ありませんから）、従って、戦争は、如何なるものも、「国際紛争を解決する手段」です。

第九条第一項の「国権（国家の主権＝統治権）の発動たる戦争」とは、自国への侵害を排除するための自衛戦争、他国を侵害するための侵略戦争、他国への侵害を懲らしめるための制裁戦争のことです。自衛戦争も、侵略戦争も、制裁戦争も、「国際紛争を解決する手段」ですから、それ故、第一項は、すべての戦争（自衛戦争・侵略戦争・制裁戦争）を放棄しております。

「武力による威嚇」とは、自国・自民族等の目的を達成しようとして他国・他民族等を武力（兵士と武器）で脅すことです。「武力の行使」とは、自国・自民族等の目的を達成しようとして他国・他民族等に武力（兵士と武器）を向かわせることです。「国際紛争を解決する手段」としての武力による威嚇及び武力の行使には、自衛目的での武力による威嚇及び武力の行使も、侵略目的での武力による威嚇及び武力の行使も、制裁目的での武力による威嚇及び武力の行使も含まれます。それ故、第一項は、如何なる形態の戦争だけでなく、如何なる形態の武力による威嚇及び武力の行使も、永久に放棄しております。

第二項では、「前項の目的を達するため」、即ち、すべての戦争とすべての武力による威嚇及び武力の行使の永久的放棄を実現するため、「陸海空軍という戦力」と「その他の戦力」の保持を禁止し、更に、「交渉権」を否認しています。

「戦力」とは、戦争に用いることを第一目的として作られている一切の武装人間集団（純粋な警察を除く）と一切の道具のことですが、あらゆる戦力を保持しないということは、非武装国民・非武装国家・非武装自治体を作るということです。

軍隊とは、他国でも・自国でも、人間を殺害し、土地や建物を破壊する武装人間集団のことを言います。「その他の戦力」には、①軍需産業とその製品（武器とその他の兵具）、②軍事企業とその保有する兵士及び武器、③軍事研究・軍事教育、④軍の名前や形は持たないが、陸海空軍に相応する実力を有し、いつでも陸海空軍に転化できる武力組織（例えば、自衛隊がこれに相当する）、⑤人間以外の軍隊（動物やロボットの軍隊）、⑥外国の軍隊（例えば、在日米軍）、⑦外国の軍隊用の基地、⑧自他国の武器、⑨傭兵（買入れた兵士）などが含まれます。

「交戦権」とは、国家の保有する戦争権のことですが、具体的には、それは、ⓐ開戦権（「宣戦布告権」）、ⓑ講和権、ⓒ戦闘権（攻撃権、占領地行政権、捕虜に対する権利、船舶の臨検〔その場に行って取り調べること〕・拿捕〔捕らえること〕権）で構成されています。

かくして、「第二項」は、国（国家と領土と領民で構成される国家の統治する共同社会）の「武装権」と国家（一つの地域を統治する「公」〔みんなのために仕事をするという立場〕的機関）の「交戦権（戦争権）」を否定しています。

「第九条」は、（1）すべての戦争とすべての武力による威嚇及び武力の行使の永久的放棄を決め（第一項）、（2）国（国民と団体と国家と自治体）の武装権と国家の戦争権（交戦権）を否認していますから（第二項）、日本の国家が「戦争国家」となること及び日本国が「戦争する国」になることは、できません。そのため、「第九条」は、国家と自治体と国民（個人・団体）の中に、如何なる軍事的要素（例えば、軍隊、軍事施設、徴兵制、憲兵（軍事警察）、武器、戦争指導機関、軍事裁判所、軍事監獄、戦争用法令、軍事研究・軍事教育、軍需産業、軍事企業、軍事予算、戦争公債、戦費税などの戦争のための道具）の設置も、認めていません。また、戦争や軍隊による基本的人権の制限・剥奪も、戦争や軍隊による国民主権とそれに基づく民主主義の制限・剥奪（例えば、国会や内閣や裁判所の休止・廃止、選挙の休止・廃止など）も、戦争や軍隊による地方自治の制限・剥奪も、認めていません。

このことは、日本国の国民が、「非武装・非戦国民」であること、日本国の国家と自治体が、「非武装・非戦国家」、「非武装・非戦自治体」であることを意味しております。そして、日本国が、「永世非武装・非戦中立国」を宣言しなければならないことを意味しております。

それればかりでなく、「第九条」は、国民と国家と自治体の「武装権」と国家の「戦争権（交戦権）」を否認しておりますから、その必然として、「自衛権」——「個別的自衛権」と「集団的自衛権」を放棄しております。更に、国際連合の集団的安全保障措置への参加も放棄しております。

個別的自衛権とは、自国を防衛するため、外国からの違法な侵害を武力を以て排撃する国家の権利であり、集団的自衛権とは、自国に無関係な他国に対する違法な武力攻撃を、自国が武力攻撃を受けたとみなして、武力を以て排撃する国家の権利です。

国際連合憲章は、「この憲章のいかなる規定も、国際連合加盟国に対して武力攻撃が発生した場合には、安全保障理事会が国際の平和及び安全の維持に必要な措置をとるまでの間、個別的又は集団的自衛の固有の権利を害するものではない」(第五一条)と定めています。集団的自衛権は、自衛権という名前を持っていますが、自国が武力攻撃を受けていないのに、他国を武力攻撃するのは侵略ですから、その本質は、侵略する権利（侵略権）です。集団的自衛権は、自国を守ることや国民を守ることと無関係に行使できる権利です。

国際連合憲章のもとでの集団的安全保障とは、加盟各国が、安全保障理事会の決議に基づいて、集団で、国際の平和と安全を維持するための軍事的活動を行うことを言います（憲章第四二条）。

「第九条」の本質は、（1）すべての戦争とすべてのその他の軍事活動（武力による威嚇及び武力の行使）を放棄し、また、（2）如何なる形態の武装人間集団と武器（戦力）の保持を放棄し、更に、（3）すべての戦争とすべてのその他の軍事活動を行う権能（交戦権＝戦争権）を放棄して、換言すれば、二つの自衛権（個別的自衛権と集団的自衛権）の保持及び集団的安全保障措置参加を放棄して、（4）すべての紛争を「話し合い」（対話）で解決しようとする、「非武装・非戦・対話平和主義」にあります。

しかし、歴代の内閣は、「第九条」を歪めて解釈し、次のような「政府解釈」を作り出しております。

例えば、（1）日本国は、自衛権を有しているので、放棄した「国際紛争を解決する手段」としての「戦争」とは、侵略戦争のことであるから、「第一項」は、侵略戦争のみを放棄している。自衛のための任務を有する自衛隊は、憲法に違反しない（一九五四年一二月二二日の衆議院予算委員会における鳩山一郎内閣〔第一次〕・大村清一防衛庁長官の答弁〔「政府統一解釈」〕）。

（2）自衛権がある以上、自分の国の生存を守るだけの武力の行使は、国際紛争解決の手段としての武力行使ではないので、当然自衛権の発動として許される（一九五四年五月一三日の参議院法務委員会における吉田茂内閣〔第五次〕・佐藤達夫内閣法制局長官の答弁）。

（3）「戦力」とは、自衛のため必要な最小限度を超える実力である〔それを超えない実力は戦力でないから保持できる〕（一九七二年一一月一三日の参議院予算委員会で吉國一郎内閣法制局長官から発表された田中角栄内閣〔第一次〕の「戦力についての政府見解」）。

（4）保持できない戦力は、日本国の戦力を示し、在日米国は米国の保持する軍隊であるから、「第九条」の関するところではない（一九五二年一一月二五日の吉田茂内閣〔第四次〕による「戦力についての政府統一見解」）。

（5）「交戦権」とは、交戦国が国際法上戦時において認められている権利を総合していうもの（攻撃権、占領地行政権、船舶の臨検・拿捕権等）である（一九五六年五月一八日の参議院内閣委員会における鳩山一郎内閣〔第三次〕・林修三内閣法制局長官の答弁）。

（6）日本国と密接な関係にある他国に対する武力攻撃が発生して、そこから生じる危険から、日本国の在立を全うし、国民を守るために他に適当な手段がないとき、集団的自衛権の必要最小限度の行使は許容される（二〇一四年七月一日の安倍晋三連立内閣〔第二次〕の「閣議決定」〔「国の在立を全うし、国民を守るための切れ目のない安全保障法制の整備について」〕）。

「第九条」は、「戦争放棄」の「源泉」、「民主政治」の「源泉」、自国と他国との間の真の「共生」の「源泉」、人間と自然との真の「共存」の「源泉」という四つの『価値』を有しております。

その理由は、「戦争放棄」の「源泉」については、自衛戦争を放棄することによって、すべての戦争を放棄しているからです。「民主政治」の「源泉」については、国家が戦争と軍隊を以て国民を弾圧できないようにしたことによって、初めて、国民に国民主権と基本的人権と地方自治が完全に保障されること（民主政治の目的）を可能にしたからです。「共生」の「源泉」については、国家が戦争と軍隊で他国を侵略できないようにしたことによって、初めて、国家に、自国の在立のためには他国と本当に仲よくしなければならないことを宿命化したからです。

「共存」の「源泉」については、国家が戦争と軍隊で自然を滅ぼすことができなくなったことによって、初めて、自然と人間は共存関係を作ることが可能となったからです。

二一世紀という時代は、世界＝各国における民衆の「反戦平和・人権尊重・民主主義尊重」の思想と運動の高揚により、（1）すべての人間と動植物と地球は、平和のもとで「幸福」になる権利（平和的幸福追求権）がある、すべての紛争は「話し合い」（対話）で解決を、が普遍となる時代であり、(2)戦争を仕掛けた国が結局は敗北をするという時代であり(アメリカの二〇〇一年一〇月七日開始の「アフガニスタン戦争」と二〇〇三年三月二〇日開始の「イラク戦争」がその標識)、(3)戦力(軍事組織と武器)を持たない国を攻撃する国は、国際社会から糾弾を受けて苦境に陥ることになると考えられますから、戦力を持たない国を攻撃することはできなくなったという時代です(世界で初の「非武装永世中立国」を宣言し、実行しているコスタリカがその標識)。それ故、二一世紀は、「第九条」の「非武装・非戦・対話平和主義」と「平和のうちに生存する権利」(前文)が、人類の「導きの星」となる時代です。

一方、自民党の「改憲草案」の第二章は、日本国憲法の「戦争の放棄」に対して、「安全保障」となっています。「戦争の放棄」を放棄して、自国防衛を名目とする戦争を可能にしようとする意思の表明です。

第九条は、第一項において、「日本国民は、正義と秩序を基調とする国際平和を誠実に希求し、国権の発動としての戦争を放棄し、武力による威嚇及び武力の行使は、国際紛争を解決する手段としては用いない」と定め、第二項において、「前項の規定は、自衛権の発動を妨げるものではない」と定めております。

「日本国憲法改正草案」を解説する自由民主党・憲法改正本部発行の「日本国憲法改正草案Q&A」(二〇一四年一〇月)は、第九条第一項で放棄するとしている「戦争」とは、侵略戦争のことである。また、「国際紛争を解決する手段」とは、侵略目的のための手段のことであるから従って、侵略目的の武力による威嚇及び武力の行使は行わない。自衛のための「戦争」や自衛目的の「武力による威嚇及び武力の行使」は、できる。国際機関による制裁措置も参加できる、と述べております（9頁）。

続いて、第九条第二項の「自衛権」について、「日本国憲法Q＆A」は、それには「国連憲章が認めている個別的自衛権や集団的自衛権が含まれている」と述べております（一〇頁）。

集団的自衛権とは、自国が侵害を受けていなくても他国を攻撃できる侵略戦争をする権利ですから、「改憲草案」の第九条は、自衛戦争も制裁戦争も侵略戦争もできるようにしております。更に、集団的自衛権に基づく武力による威嚇及び武力の行使も可能になりますから、侵略目的の武力による威嚇及び武力の行使もできるようになります。加えて、国際機関（国際連合等）による制裁措置に参加すれば、制裁目的の武力による威嚇及び武力の行使もできるようになります。正に、「戦争の放棄」の放棄です。

日本国憲法にない新設の「第九の二」は、「戦争の正義」をふりかざして、「第一項」で、「我が国の平和と独立並びに国及び国民の安全を確保するため、内閣総理大臣を最高指揮官とする国防軍を保持する」としております。

「日本国憲法改正草案Q＆A」は、「独立国家が、その独立と平和を保ち、国民の安全を確保するため軍隊を保有することは、現代の世界では常識です」とした上で、「独立国家としてふさわしい名称」のために、「国防軍としました」と述べております。

二一世紀という時代は、世界各国における民衆の「反戦平和・人権尊重・民主主義尊重」の思想と運動の高揚により、各国の国家は、軍隊を保有していても、自由に戦争ができなくなっています。それ故、二一世紀に新しく軍隊を保有するという考えは、時代錯誤と言わざるを得ません。

二一世紀の「日米安全保障条約」体制のもとで、日本国の国家は、経済的政治的軍事的関係において、アメリカの国家に従属しておりますので、独立国家ではありません。対米従属国家が軍隊を持てば、その軍隊は、対米従属軍隊となり、独立国家をめざして活動する国民を攻撃する軍隊となります。第九条の二の第一項で作られる国防軍は、国民に銃を向ける軍隊です。日本国の独立を妨げる軍隊です。日本国の平和を守る軍隊ではありません。

国防軍の最高指揮官が内閣総理大臣となっているのは、アメリカの国家（大統領政権）の要求通りに自由に戦争や武力による威嚇及び武力の行使ができる国防軍にするための措置なのです。国内的には、自由に戦争ができる専制的な内閣総理大臣を作るための措置なのです。

第九条の二の「第二項」では、「国防軍は、前項の規定による任務を遂行する際は、法律の定めるところにより、国会の承認その他の統制に服する」としております。

国防軍が、日本国の平和と独立並びに国及び国民の安全を確保するという名目で、自衛戦争・侵略戦争・制裁戦争を実行する場合、或いは、自衛目的や侵略目的や制裁目的の武力による威嚇及び武力の行使を実行する場合、国会の承認を得なければならないとしておりますが、「その他の統制に服する」とは、何の統制に服するという意味でしょうか。

国防軍の本質は、対米従属軍隊ですので、それは、「日米安全保障条約」体制に基づく在日米軍司令官の統制に服するということであると考えられます。

国防軍は、在日米軍の一環なのです。

第九条の二の「第三項」では、「国防軍は、第一項に規定する任務を遂行するための活動のほか、法律の定めるところにより、国際社会の平和と安全を確保するために国際的に協調して行われる活動及び公の秩序を維持し、又は国民の生命若しくは自由を守るための活動を行うことができる」としております。

国防軍ができることは、次の通りです。第一に、「我が国の平和と独立並びに国及び国民の安全を確保するための活動」ができます。従って、自衛戦争と自衛目的の武力による威嚇及び武力の行使を行うことができます。更に、集団的自衛権を行使して、自衛のためという名目で、侵略戦争や侵略目的の武力による威嚇及び武力の行使を行うことができます。第二に、「国際社会の平和と安全を確保するために国際的に協調して行われる活動」ができます。従って、国際連合平和維持活動（ＰＫＯ）のすべての活動（軍事的活動・非軍事的活動）や国連軍参加が可能となります。国際連合が承認する「多国籍軍」やアメリカ主導の「多国籍軍」への参加も可能となります。国際連合憲章のもとでの集団的安全保障措置への参加です。

第三に、「公の秩序を維持し、又は国民の生命若しくは自由を守るための活動」ができます。

従って、公の秩序（順序、決まり）——国の秩序・社会の秩序を守るという理由で、反国家活動、反大企業活動、大政治ストライキ、大労働ストライキ、反米活動などを弾圧できることになります。また、災害救助活動、テロ対処活動もできることになります。

第九条の二の「第四項」では、「前二項に定めるもののほか、国防軍の組織、統制及び機密の保持に関する事項は、法律で定める」としております。

国防軍の組織のこと、例えば、兵士の集め方（志願制か徴兵制か）、兵士の総数、兵士の任務、部隊の編成と組織などを、法律で定めるとしております。

国防軍の統制のこと、例えば、脱走兵の処罰、兵役拒否者の処罰、規律違反兵の処罰などの軍律、罪を犯したとされる兵を逮捕する憲兵（軍事警察）の設置などを、法律で定めるとしております。

軍事上の機密（重要な秘密）をまもるための「軍機保護法」も作るとしております。「特定秘密の保護に関する法律」（「特定秘密保護法」）の制定（二〇一三年一二月六日）は、その一環です。

国防軍のことは、すべて秘密となりますから、国防軍の批判や国防軍の行う戦争・武力による威嚇・武力の行使の批判は、犯罪となり、処罰されます。

第九条の二の「第五項」では、「国防軍に属する軍人その他の公務員がその職務の実施に伴う罪又は国防軍の機密に関する罪を犯した場合の裁判を行うため、法律の定めるところにより、国防軍に審判所を置く。この場合においては、被告人が裁判所へ上訴する権利は、保障されなければならない」としております。「日本国憲法改正草案Q＆A」は、「審判所とは、いわゆる軍法会議のことです」（12頁）と述べております。

軍法会議とは、軍人等を裁判する軍隊の特別裁判所のことです。

審判所を設置した理由については、「日本国憲法改正草案Q＆A」は、「軍事上の行為に関する裁判は、軍事機密を保護する必要があり、また、迅速な実施が望まれることに鑑みて、このような審判所の設置を規定しました。具体的なことは法律で定めることになりますが、裁判官や検察、弁護側も、主に軍人の中から選ばれることが想定されます」（12頁）と述べております。

国防軍に属する軍人とその他の公務員（軍属）を裁く審判所の裁判は、軍事機密を保護するという理由で、非公開です。このこととの関係で、特別の軍事刑務所が作られると考えられます。

審判所は、行政機関ですから、行政機関は、「最終的な上訴審として裁判を行うことができない」（改正草案第七六条第二項）。それ故、被告人に裁判所へ上訴する権利を、認めております。

この点について、「日本国憲法改正草案Q＆A」は、「諸外国の軍法会議の例を見ても、原則裁判所へ上訴することができることとされています。この軍事審判を一審制とするのか、二審制とするのかは、立法政策によります」（12頁）と述べております。

「第九条の二」は、二一世紀の「日米安全保障条約」体制のもとでの日本国の「戦争国家」を作る規定です。

日本国憲法にない新設の「第九条の三」は、「国は、主権と独立を守るため、国民と協力して、領土、領海及び領空を保全し、その資源を確保しなければならない」としております。「改正草案」は、前文で、「日本国民は、国と郷土を誇りと気概を持って自ら守（る）」としておりますから、国民は、国家から、主権と独立を守るために戦争に行って下さいと言われたら、協力しなければなりません。或いは、主権と独立を守るために土地や財産を提供して下さいと言われたら、協力しなければなりません。

従って、この規定は、実質的には、国民に、徴兵（強制兵役）と徴用（強制労役）と徴発（強制供出）を課す規定なのです。

「日本国憲法改正草案Q＆A」は、「国民の『国を守る義務』」を、「前文において『国を自ら守る』と抽象的に規定するとともに、九条の三として、国が『国民と協力して』領土等を守ることを規定して」示した（12頁）と述べております。

国家は、領土と領海と領空を保全する義務及び資源（日本企業が外国に持つ資源も含まれる）を確保する義務を有しておりますから、その義務を果たすという理由を掲げて、戦争や武力による威嚇や武力の行使を行うことができます。

「第二章　安全保障」は、日本国の国家が、戦争や武力による威嚇や武力の行使をできるようにしておりますが、しかし、戦争を始める時の「宣戦の布告」を、誰が出すのかの規定がありません。戦争を終了させる時に結ばれる「講和」を、誰が行うかの規定もありません。

これは、「改憲草案」が、二一世紀の「日米安全保障条約」体制のもとでのアメリカと共に行う戦争のことを想定していて、アメリカが戦争を始めると決定すると日本国も自動的に戦争に突入し、アメリカが戦争を終えると決定すると日本国も自動的に戦争を終えるということの表現ではないかと考えられます。

自民党「改憲草案」を読み解く
基本的人権の本質

金子勝先生の憲法教室
5

日本国憲法第三章は、「国民の権利及び義務」です。憲法は「国民主権と基本的人権を国家が国民に保障する条項」と「国家構成原理を定めた条項」を持つ国家の最高法規範です。「国家構成原理」とは、国家を構成する国家機関の種類とその機関のもつ権限、主権の所在、国家と国民の関係などの国家を成立させる基本的な仕組みのことです。法規範とは、国家の制定する行為基準（規範）のことです。それ故、憲法に違反するすべての法規範（法律、命令、規則、条約、条例など）と、国家の行為、自治体の行為、個人・団体の行為のすべては無効となります。

国民主権が成立することによって、初めて国民の基本的人権は成立しました。国民が国家の主人公（主権者）とならなければ、国家は国民に基本的人権を保障する必要はないからです。憲法を名乗っていても、基本的人権を保障していないもの、国民主権を掲げていないものは本当の憲法ではありません。〝憲法擬（もどき）〟です（例えば、「大日本帝国憲法」）。

国民主権の本質は、国家の「主権」（統治権）を保有し、行使する正当性を持つ者（主権者）は国民の集団であり、国民一人一人は主権の割符を持つ、従って、国家の政治の最終決定権は国民が持っており、国民の代表者の決定は「仮の決定」であるから、国民は代表者の「仮の決定」を否決できるということです。

基本的人権（fundamental human rights）とは、「国家といえども奪うことができない、従って誰からも奪われない人間の権利（right 行為の正当性）」であり、「人間が人間たるに値する存在として生活し、自己の肉体的精神的能力を最高に発展させるために不可欠の人間の権利」です。

現代の基本的人権は、すべての人が、

①安全に、食べること、着ること、住むことができる、

②働くこと、休むこと、暇をもつこと、学ぶこと、医療を受けることができる、

③戦争や軍隊や武器、暴力や差別や貧困から開放される、

④心と身体、職業、財産が他者（国家・自治体・団体・他人）に統制されない

――これらのことを実現するための人間の権利です。

従って、基本的人権は、人間一人ひとりを「幸福」にするための権利であり、そして、そのことを媒介にして、共同社会を繁栄させるという狙いが含まれています。

基本的人権がないと、権力者・大資産家以外の民衆は、その「奴隷」となってしまいま

すし、「動物」になってしまいます。

その理由は、基本的人権が存在しないところでは、権力者・大資産家は、食べること・着ること・住むこと・働くこと・学ぶこと・医療を受けることができない民衆を、〃握り飯〃一つで、戦争に連れていくことができるし、酷使することができるし、暴力も加えることができます。基本的人権が民衆に保障されていて、国家が、民衆に、食べること・着ること・住むこと・働くこと・学ぶこと・休むこと・医療を受けることを保障すれば、また、国家が、民衆の心と身体と職業と財産を統制しなければ、民衆は、権力者・大資産家の「奴隷」になることはありません。

基本的人権が存在しないところでは、民衆は、「動物」となってしまいます。動物は、原則として、自力で食物を得ることができなければ、飢えて死ぬことになりますし、病気や怪我をしたら、自力で治さないと死ぬことになりますし、他の動物の食物になってしまいます。基本的人権が民衆に保障されていて、国家が、民衆に、食べること・着ること・住むこと・学ぶこと・医療を受けることを保障すれば、民衆は、「動物になることはありません」。

日本国憲法は、第一一条で、「国民は、すべての基本的人権の享有を妨げられない。この憲法が国民に保障する基本的人権は、侵すことのできない永久の権利として現在及び将来の国民に与えられる」とうたい、第九七条で、「この憲法が日本国民に保障する基本的人権は、人類の多年にわたる自由獲得の成果であって、これらの権利は、過去幾多の試練に堪へ、現在及び将来の国民に対し、侵すことのできない永久の権利として信託されたものである」とうたっております。

しかし、基本的人権を自分のものにするためには、闘わなければなりません。日本国憲法第一二条は、「この憲法が国民に保障する自由及び権利は、国民の不断の努力によって、これを保持しなければならない」として、「抵抗権」を規定しております。

「抵抗権」は、国民主権と基本的人権の成立やそれらの保障を否定したり、それらを破壊したりする暴政に反逆する権利（暴政阻止権）であり、且つ、その暴政を行う政府を倒して新しい政府を樹立する権利（革命権）です。

アメリカの「一七七六年七月四日、コングレスにおいて、一三の連合諸州の全員一致の宣言」（「独立宣言」）は、「抵抗権」について、次のように明記しております（アメリカ学会編訳『原典アメリカ史　第二巻　革命と建国』・岩波書店・一九五一年・一八七―一八九頁）。

「われわれは、自明の真理として、すべての人は平等に造られ、造物主によって、一定の奪い難い天賦の権利を付与され、その中に生命、自由及び幸福の追求の含まれることを信ずる。また、これらの権利を確保するために人類の間に政府が組織されたこと、そしてその正当な権力は被治者の同意に由来するものであることを信ずる。そしていかなる政治の形態といえども、もしこれらの目的を毀損するものとなった場合には、人民はそれを改廃し、彼達の安全と幸福を斉すべしと認められる主義を基礎とし、また権限の機構を持つ、新たな政府を組織する権利を有することを信ずる。

永く存続した政府は、軽微且つ一時的の原因によっては、変革さるべきでないことは、実に慎重な思慮の命ずるところである。従って過去の経験もすべて、人類が災害の堪え得られる限り、彼達の年来従ってきた形式を廃止しようとせず、寧ろ耐えようとする傾向を示している。然し、連続せる暴虐と簒奪の事実が明らかに一貫した目的のもとに、人民を絶対的暴政のもとに圧倒せんと企図を表示するに至るとき、そのような政府を廃棄し、自らの将来の保安のために、新たなる保障の組織を創設せんとすることは、彼達の権利であり、また義務である」。

基本的人権や国民主権の侵害及び破壊に対しては、「抵抗権」を用いて闘うのが、日本国憲法の道です。

憲法は国民に国民主権と基本的人権を保障するものですから、国民の「義務」の多い憲法は良くない憲法であり、政権担当者、議員、首長などの「義務」が多い憲法は良い憲法であると言うことができます。では、日本国憲法は、どのような基本的人権を国民に保障しているのでしょうか。

——次回はその「探検」に行くことにしましょう。

自民党「改憲草案」を読み解く 日本国憲法の保障する基本的人権

金子勝先生の憲法教室 6

今回は、日本国憲法の保障する基本的人権の種類と内容を検討します。

第一は、「法の下の平等権」です。この権利は、何人も法の内容、法の実施において他の人と差別されないという権利であり、基本的人権の基礎となるものです。第一四条に、「すべての国民は、法の下に平等であって、人種、信条、性別、社会的身分又は門地により、政治的、経済的、又は社会的関係において差別されない」と定められております。第二四条では、「家庭生活における個人の尊厳と両性の本質的平等」を保障しています。

第二は、「生命権」です。この権利は、いかなる人も、国家・自治体・団体・他者から、自己の生命を奪われることはない、傷つけられることはないという権利であり、基本的人権の殖産の基礎となるものです。

第一三条に、「すべて国民は、個人として尊重される。生命、自由及び幸福追求に対する国民の権利については、公共の福祉に反しない限り、立法その他国政の上で、最大の尊重を必要とする」と定められております。

第三は、「自由権」です。この権利は、いかなる人も、国家・自治体・団体・他者から、自由（心と身体と職業と財産が拘束されないこと）を侵害されないという権利です。自由権を構成する精神的自由権は、心が統制されない権利であり、第一九条で「思想及び良心の自由」、第二〇条で「信教の自由」、第二一条で「集会・結社・表現の自由」、第二三条で「学問の自由」が保障されております。

人身の自由権は、身体が統制されない権利であり、第一八条で「奴隷的拘束及び苦役からの自由」、第三一条から第四〇条までで「恣意的に逮捕されない権利」・「無実の罪で処罰されない権利」が保障されております。経済的自由権は、職業と財産が統制されない権利であり、第二二条で「居住と移転及び職業選択の自由」、第二九条で「人と社会を害しない財産権」が保障されております。

第四は、「幸福追求権」（第一三条）です。この権利は、生命・自由を確保するための財産を獲得し、所有し、保護する権利（アメリカの「ヴァジニア憲法」における「ヴァジニア権利宣言」（一七七六年六月一二日採択）の第一項）として出発し、今日では、生命・自由を確保するための物質的生活条件及び精神的生活条件を獲得し、所有し、保護する権利です。新しい基本的人権の創出根拠となる権利です。

第五は、「政治的権利」です。この権利は、国家・自治体の「意思」の決定と国家・自治体の「意思」の執行（権力行使）に関与する権利です。日本国憲法は、選挙権・被選挙権（第一五条、第四四条）、請願権（第一六条）、地方自治権（第九三条、第九五条）、憲法制定・改廃権（第九六条）、抵抗権（第一二条）を保障しております。世界の憲法では、国民投票権、国民発案権も保障されております。

第六は、「社会権」です。この権利は、二〇世紀に生まれた権利です。一九一七年一月三一日制定の「メキシコ合衆国憲法」、「一九一九年八月一一日のドイツ国憲法」（「ワイマール憲法」）において明記されました。この権利は、社会全体（社会全体を代表する国家・自治体）から経済的・精神的・文化的援助を受ける権利（そのことによって、一人一人が国家・自治体・団体・他者から自由になることができるようにしようとする権利）であり、且つ、資本主義の発展によって荒廃する共同社会を再生させようとする権利です。「幸福追求権」の発展形態としての権利です。日本国憲法は、生活権――食べること・着ること・住むこと・暇をもつこと・医療を受けることができる権利（第二五条）、教育権＝学ぶ権利（第二六条）、労働権（第二七条）、労働基本権――団結権・団体交渉権・団体行動権（第二八条）を保障しております。世界の憲法では、環境権、スポーツ権も保障されております。

第七は、「平和のうちに生存する権利（平和的生存権）」（前文）です。この権利は、「第一次世界大戦」（一九一四年七月二八日―一九一八年一一月一一日）と「第二次世界大戦」（一九三九年九月一日―一九四五年九月二日）の惨禍（例えば、第一次世界大戦の死者、一〇〇〇万人、第二次世界大戦の死者、三七〇〇万人―六八〇〇万人）を反省して創造された二〇世紀の新しい基本的人権です。

日本国憲法は、世界に存在する基本的人権の種類をすべて持っています。世界一級の基本的人権保障憲法です。「平和的生存権」は、日本国憲法が創造したものです。「幸福追求権」（第一三条）は、新しい基本的人権の創設を保障しており、日本国憲法は、〝懐《ふところ》〟の深い憲法です。それだけでなく、「第九条」の存在によって、日本国憲法は、戦争と軍隊によっても制限・剥奪されることのない基本的人権を保障しています。

自民党の「改憲草案」は、基本的人権の保障目録から、「平和的生存権」を廃棄しております。

金子勝先生の憲法教室 7

自民党「改憲草案」を読み解く「公共の福祉」の廃棄

日本国憲法は、第一一条で、「国民は、すべての基本的人権の享有を妨げられない。この憲法が国民に保障する基本的人権は、侵すことのできない永久の権利として、現在及び将来の国民に与へられる」と述べて、すべての人に基本的人権が保障されるとしています。そして、そのことを実現するために、「公共の福祉」を置いています（第一二条、第一三条、第二二条、第二九条）。日本では「公共の福祉」は基本的人権を制限するために使われがちですが、それは誤用です。「公共の福祉」とは、すべての人が幸福になること、共同社会が繁栄すること、という意味を合わせた言葉です。そのためには、すべての人に基本的人権が保障されることが必要となるからです。

すべての人に基本的人権が保障されるようにする方法は、第一に、すべての人が自己の基本的人権を行使するに当たって、他者の基本的人権を侵害しないことです。そうすれば、すべての人が基本的人権を享受でき、共同社会も繁栄できることになります。一七八九年八月二六日に採択されたフランスの「人および市民の権利宣言」（「人権宣言」）は、「自由とは、他人を害しないすべてのことをなし得ることである。したがって、各人の自然権の行使には、社会の他の構成員に対して同一の権利の享有を保障すること以外には何らの限界もない。この限界は、法律によらなければ決定することはできない」と述べております（中村義孝編訳『フランス憲法史集成』・法律文化社・二〇〇三年・一六頁）。

第二に、今日の共同社会では、経済的・政治的・身体的に強い人と弱い人が存在します。そのような社会のもとで、すべての人が基本的人権を享受できるようにするためには、その強い人（例えば、資本家）は、その弱い人（例えば、労働者）のために、自己の基本的人権の行使を制限すること（例えば、労働者のストライキによって受けた損害〔財産権の侵害〕の賠償請求を放棄しなさい）が求められます。そうすれば、その弱い人の基本的人権は保障され、共同社会も繁栄できることになります。

このような観点の「公共の福祉」は、二〇世紀に「社会権」と言う基本的人権が創出された時に、作り出されました。

例えば、「一九一九年八月一一日のドイツ国憲法」（「ワイマール憲法」）は、「第一五一条」において「経済生活の秩序は、すべての人に、人たるに値する生存を保障することを目指す正義の諸原則に適合するものでなければならない。各人の経済的自由は、この限界内においてこれを確保するものとする」（第一項）。「法律的強制は、脅かされている権利を実現するため、又は、公共の福祉の優越的な要精に応ずるためにのみ、許される」（第二項）として、「公共の福祉」を創設しました（高田敏・初宿正典編訳『ドイツ憲法集　第6版』・信山社・二〇一〇年・一四五頁）。

日本国憲法における「公共の福祉」の用い方は、「フランス人権宣言」の定めた観点と「一九一八年八月一一日のドイツ国憲法」（「ワイマール憲法」）の定めた観点とを、「公共の福祉」という統一した概念に表現して、用いておりますので、「公共の福祉」を用いる場合、二つの観点の歴史的意義を無視して用いることは止めなければなりません。大切なことは、「公共の福祉」とは、すべての人に基本的人権を保障するために用いられなければならないと言うことです。すべての人に基本的人権が保障されないと、「公共の福祉」は、実現しないからです。

「公共の福祉」とは、すべての人に基本的人権を保障するための装置ですので、その中に、「国家の利益となること」。「国の利益となること」と言う意味は、含まれておりません。「公共の福祉」とは、すべての人が、他者の基本的人権を侵害しないように自己の基本的人権を行使する必要があるとする「根拠」、経済的・政治的・身体的強者は、その弱者のために、自己の基本的人権の行使を制限する「根拠」なのです。

しかし、内閣は、そのような立場に立っておりません。内閣は、「公共の福祉」とは、「日本国民の総体の利益」（一九七五年五月一四日の衆議院法務委員会での吉國一郎内閣法制局長官の答弁）である。「基本的人権の全部について、公共の福祉の制限を受ける」（一九五八年一〇月三一日の衆議院地方行政委員会・法務委員会・社会労働委員会での岸信介内閣総理大臣の答弁）との立場に立っております。

最高裁判所は、発足当初は、内閣と同じように、公共の福祉で基本的人権を制限できるという立場に立っておりましたが、一九六〇年代後半から、公共の福祉に対する考え方を改めて、基本的人権の制限によって得られる利益の方が、基本点人権の制限によって失われる利益よりも大きい場合は、基本的人権の制限を合憲とするという比較衡量の根拠に、「公共の福祉」を用いております（最高裁判所大法廷判決・一九六六年一〇月二六日、「全逓東京中郵事件」）。

これに対して、自民党の「改憲草案」は、「公共の福祉」を廃棄して、「公益及び公の秩序」を創設しております。第一二条で、「この憲法が国民に保障する自由及び権利は、国民の不断の努力により、保持されなければならない。国民は、これを濫用してはならず、自由及び権利には責任及び義務が伴うことを自覚し、常に公益及び公の秩序に反してはならない」としております。

「公益」とは、みんなのためになるとされる利益のことで、自民党の観点からは、国家の利益、大企業の利益、国防軍の利益、在日米軍の利益が、それに当たるとなります。「公の秩序」とは、憲法の定める国家によって保たれる秩序（決まり、順序）のことで、天皇を戴く戦争国家体制のことになります。

「公益及び公の秩序」を創設した理由は、基本的人権をすべての人に保障するためではなく、すべての人から基本的人権を奪うことができるようにするためです。「公益及び公の秩序」に反しない限りでしか自由及び権利（基本的人権）は保障されないのですから、「公益及び公の秩序」を害するという口実を用いれば、すべての自由と権利を制限・剥奪できるのです。

また、「改憲草案」の第一三条では、「全て国民は、人として尊重される。生命、自由及び幸福追求に対する国民の権利については、公益及び公の秩序に反しない限り、立法その他国政の上で、最大限に尊重されなければならない」としております。

国家によって尊重されるのは、日本国憲法では「個人」（第一三条）ですが、「改憲草案」では「人」となります。個人とは、他者と区別される個性をもつ人間のことですが、この「人」は、一人一人の人間から個性を取り除いた人間のことです。従って、「人」として尊重されるということは、個性をもつ人間一人一人が尊重されるという意味ではなく、全体としての人が尊重されるという意味になります。つまり、多数者が尊重されていれば、少数者が尊重されていなくても、或いは、強者が尊重されていれば、弱者が尊重されていなくても、人の尊重が行われていることになります。この「人」を尊重するという観点は、個人尊重主義を否定する「全体主義」（ファシズム）を作る根拠となります。

全体主義とは、個人の自由と権利、個人の価値を否定して、一人一人は、個人を超越する「全体」としての組織である国家や民族に従属し、忠誠を尽くさなければならないとする立場のことを指します。

歴史的には、イタリアで、ムッソリーニ・国家ファシスト党政権の成立（一九二二年一〇月三一日）によって、ファシズム＝全体主義が展開されました。ドイツでは、ヒトラー・ナチス〔国家社会主義ドイツ労働党〕政権の成立（一九三三年一月三〇日）によって、ナチズムとして全体主義が展開されました。日本では、「第二次近衛文麿内閣」の成立（一九四〇年七月二二日）と「大政翼賛会」（内閣総理大臣が総裁、天皇の戦争政治を助ける会）の結成（一九四〇年一〇月一二日）によって、日本軍国主義として全体主義が展開されました。

イタリアのファシズム、ドイツのナチズム、日本（大日本帝国）の軍国主義は、「第二次世界大戦」を引き起こし（ドイツ・イタリア）、拡大（日本）して、人類・動植物・地球に大きな惨禍を与えました。

「改憲草案」の第一三条では、国民の生命、自由及び幸福追求の権利は、「公益及び公の秩序」に反しない限りでしか尊重されませんから、国家から「公益及び公の秩序」に反することを行ったとされた人物は、生命を奪われてもいい・傷つけられてもいい（生命権の否定）、奴隷や動物の取り扱いを受けてもいい（自由権の否定）、心と身体と職業と財産を統制されてもいい（幸福追求権の否定）ということになります。

「公益及び公の秩序」を創設して、国家が必要とする時に国民の基本的人権を制限・剥奪できるようにしようとしているのは、「戦争の放棄」を放棄して、自衛戦争も、制裁戦争も、侵略戦争もできる「戦争国家」を作ろうとしていることに起因します。

金子勝先生の憲法教室 8

自民党「改憲草案」を読み解く 法の下の平等権

今回から、基本的人権の種類を一つ一つ検討していきます。

初めは、「法の下の平等権」です。

日本国憲法は、第一四条の第一項で、「すべて国民は、法の下に平等であって、人種、信条、性別、社会的身分又は門地により、政治的、経済的又は社会的関係において、差別されない」としております。

人種（人間の形質の違い）、信条（宗教観・政治観）、性別（男と女の区別）、社会的身分（共同社会に占める労働の役割に基づく地位、労働者、自営業者、資本家、主婦、ホームレス、退職者、子など）、門地（生まれによって得られる地位、貴族、武家、平民、部落民など）は、例示とされていて、その他の不合理となる理由（例えば、財産、収入、学歴、民族）によっても、国民は、法的差別（法の内容における差別・法の実施における差別）を受けないこと――法の下の平等――が、保障されております。

政治的関係における法的差別とは、例えば、選挙権・被選挙に関係する差別（例えば、生活保護受給者に選挙権・被選挙権の行使を保障しないという差別）が、該当します。経済的関係における差別とは、財産権や社会権や労働関係における差別（例えば、収入の多い人と収入の少ない人に同じ税率の消費税を課して、収入の少ない人に収入の多い人より税の負担率を重くする差別、正社員全員に支給されているボーナス〔賞与〕を非正規社員に支給しないという差別）が、該当します。社会的関係における差別とは、共同社会で生活を営むもとでの差別（例えば、新しく問題となっている性的少数者に対する差別、まだ残っている部落差別、ハンセン病者に対する差別、一つの地域で、火事と葬儀の場合を除いて、一切付き合いをしないという村八分など）が、該当します。

性的少数者（ＬＧＢＴ＋ＡＸ）――レスビアン（lesbian 女性同性愛者）、ゲイ（gay 男性同性愛者）、バイセクシュアル（bisexual 両性愛者）、トランスジェンダー（transgender 心と体の性が一致しない人）、これに加えて、アセクシュアル（asexual 同性も異性も好きにならない人）、エックスジェンダー（xgender 自分を男とも女とも思わない人）――に対する差別は、同性婚を認めない、同性間のパートナーシップ（配偶者関係）を認めない、同性愛者のカップル（組）やグループの宿泊を認めないなどの形で表われております。同性婚や同性間のパートナーシップを認めることは、世界的傾向となっておりますので、日本でも、それらを認める法制度の創設が求められます。

今日、第一四条第一項の「法の下の平等」は、どんな理由であれ、差別は絶対に認められないとする絶対的平等の観点ではなく、合理的な理由があれば差別は認められるとする相対的平等の観点で、取り扱われております。最高裁判所も、「憲法一四条一項は、法の下の平等を定めており、この規定が、事柄の性質に応じた合理的な根拠に基づくものでない限り、法的な差別的取扱いを禁止するものであると解すべきことは、当裁判所の判例とするところである（最高裁判所大法廷判決・昭和三九年五月二七日、最高裁判所大法廷判決・昭和四八年四月四日）」としています（最高裁判所大法廷判決・二〇一五年一二月一六日、「再婚禁止期間規定違憲訴訟」〔多数意見〕）。

相対的平等の観点は、差別の合理的な根拠の基準を甘くすると、差別が野放しとなってしまう危険を有しておりますので、私達には、差別の合理的な根拠を厳しく見る目が必要となります。

続いて、第一四条の第二項は、「華族その他の貴族の制度は、これを認めない」としております。

「法の下の平等」を成立させるために不可欠の封建的「身分」を廃棄する規定です。

封建的「身分」とは、血統によって自己の経済的・政治的・法的立場（社会的立場）が決定され、そして、その立場が、法的・慣習的に保障されているもののことを言います。

貴族も、その一環であり、経済的政治的法的特権を認められて、民衆より貴いとされる社会的地位を有する人を指します。華族は、貴族の一種で、大日本帝国において、公・侯・伯・

子・男の爵（すずめの形をした杯のこと、礼器として用いられるようになり、礼器は並べる順序が重視されるため、順位の意味となる）位を有する人とその家族のことを言いました。

日本国憲法のもとでは、この「第二項」から、貴族は存在しないことになりますが、しかし、「天皇」と言う世襲の国家機関（君主機関）が設置され、そこに、大日本帝国の「天皇」の地位にあった天皇家の当主（裕仁天皇）が就任したため、天皇家という貴族が存続し、そして、天皇に就任する資格を持つ男性が宮家を継承したり・創設したりすることが認められたため、今日、天皇家という貴族と宮家という貴族が存在しています。

この「第二項」のもとでは、「天皇」の地位に就任する資格を有しない人を貴族として取り扱うことは、憲法違反となります。「天皇の退位等に関する皇室典範特例法」で新たに創設した「上皇」は、貴族としての地位を有しておりますので（第三条）、憲法違反となります。

更に、第一四条の第三項は、「栄誉、勲章その他の栄典の授与は、いかなる特権も伴はない。栄典の授与は、現にこれを有し、又は将来これを受ける者の一代に限り、その効力を有する」としております。

栄誉とは、優れていると誉められることです。勲章とは、功績を認めて与えられる記章です。栄典とは、功績を誉めて与えられる特別の取り扱いです。

この「第三項」は、栄典の授与には特権（特定の人に与えられる特別の利益や権利のこと）を伴わないとすることによって、また、栄典の授与の効力は一代限りとして、その効力の世襲化を禁止することによって、国民の中に、「法の下の平等」に反する特権的地位を有する人を作らないようにしております。

栄典の授与には特権を伴わないという観点からすると、現在、文化勲章受領者と文化功労者となった人に、終身年金・三五〇万円が支給されていることが、問題となります。

内閣が受領者を決定する栄典の中で、年金が付いている栄典は、文化功労者の栄典と文化勲章の栄典のみであり、その上、終身ですから、禁止されている「特権」の付与に該当すると考えられます。

また、民間企業労働者の平均年収（二〇一六年、四二二万円、国税庁「民間給与実態統計調査」）と比べてみても、遜色のない金額ですので、この面からも、禁止されている「特権」の付与に該当すると考えられます。

日本国憲法が明記している「法の下の平等権」に関する条文のもう一つは、第二四条にあります。その第一項は、「婚姻は、両性の合意のみに基いて成立し、夫婦が同等の権利を有することを基本として、相互の協力により、維持されなければならない」として、婚姻（結婚）における「両性の平等」を保障しております。

成年者（現在、二〇歳の人、民法第四条）の婚姻は、婚姻しようとする二人の合意のみで成立しますから、国家・自治体の許可も、親の許可も、神・仏の許可も、必要ありません。

民法は、「男は、一八歳に、女は、一六歳にならなければ、婚姻をすることができない」（第七三一条）、「未成年の子が婚姻をするには、父母の同意を得なければならない」（第七三七条第一項)、「父母の一方が同意しないときは、他の一方の同意だけで足りる。父母の一方が知れないとき(生存や存在場所が不明――引用者)、死亡したとき、又はその意思を表示することができないときも、同様とする」(第七三七条第二項)としております。「婚姻における両性の平等」の観点からすれば、婚姻できる男と女の年齢の差別は、解消しなければなりません。この差別は、夫が妻を統制するためには、妻となる女性は幼い方がいいという封建的な考えや女性の身体的成熟度は男性より早いという雑な考えに基づいて設置されたものですので、正当性を有しておりません。

成人の年齢については、現代における教育水準の向上や男性と女性の肉体的精神的成長の早熟化などから、一八歳が国際的基準となっておりますので、日本でも、成人年齢を一八歳にし、男性と女性の婚姻最低年齢も、一八歳にするのが、合理的です。

婚姻に伴って生まれる家族に関する事項については、第二四条の第二項で、「配偶者の選択、財産権、相続、住居の選定、離婚並びに婚姻及び家族に関するその他の事項に関しては、法律は、個人の尊厳と両性の本質的平等に立脚して、制定されなければならない」と定めて、そのすべての事項に、「法の下の平等権」が貫かれなければならないことを保障しております。

民法第七五〇条は、「夫婦は、婚姻の際に定めるところに従い、夫又は妻の氏を称する」と定めて、夫婦同氏制度を採用しております。男性の氏であれ、女性の氏であれ、夫婦が同一の氏のもとで生活しなければならないという観点は、封建的な「家」(家の責任者による家族の支配体制）制度の考え方であり、「個人の尊重」（第一三条）と「家族関係における両性の本質的平等」（第二四条第二項）を掲げる日本国憲法のもとでは、封建的な制度は認められませんので、夫婦同氏制度は、廃棄されなければなりません。しかし、最高裁判所は、「（民法第七五〇条の）規定は、夫婦がいずれの氏を称するかを夫婦となろうとする者の間の協議に委ねているのであって、その文言上性別に基づく法的な差別的取扱いを定めているわけでな（い）」として、夫婦同氏制度を合憲としています（最高裁判所大法廷判決・二〇一五年一二月一六日、「夫婦別姓訴訟」〔多数意見〕）。

自民党の「改憲草案」を見てみますと、第一四条の第一項は、「全て国民は、法の下に平等であって、人種、信条、性別、障害の有無、社会的身分又は門地により、政治的、経済的又は社会的関係において、差別されない」となっております。日本国憲法と大きな違いがないように見えますが、しかし、「改憲草案」の基本的人権の保障には、すべて、「公益及び公の秩序に反しない限り」（第一二条）という制約が付されておりますから、この「法の下の平等権」も、「公益及び公の秩序に反しない限り」での「法の下の平等権」の保障となります。それ故、「公益及び公の秩序」に違反したとされた人に対して、政治的関係における法的差別（例えば、人道主義者は、国家公務員となれないとすること）、経済的関係における法的差別（例えば、反資本主義の共産主義者には、生活保護を支給しないとすること）、社会的関係における法的差別（例えば、反戦平和主義者は、軍事基地のある自治体に住むことはできないとすること）が可能となります。

続いて、第一四条の第二項は、「華族その他の貴族の制度は、認めない」としております。天皇制の安定的な存続のためという理由で、女性宮家の創設や旧宮家の皇籍復帰が行われるかも知れません。

更に、第一四条の第三項は、「栄誉、勲章その他の栄典の授与は、現にこれを有し、又は将来これを受ける者の一代に限り、その効力を有する」としております。

日本国憲法第一四条第三項に存在している「栄典の授与は、いかなる特権も伴はない」が削除されておりますので、栄典を授与された人に特権の付与（例えば、一時金・年金の付与、公職の付与など）が可能となります。国民の中に、「法の下の平等」に反する特権的地位を有する人を作ることが可能となりますから、この「第三項」は、天皇を頂点とする天皇を護るための特権的身分層を形成しようとする狙いをもつものであると考えられます。

次に、第二四条を見てみますと、第一項は、「家族は、社会の自然かつ基礎的な単位として、尊重される。家族は、互いに助け合わなければならない」としております。日本国憲法にない新たな規定です。

尊重される家族は、社会の自然的な単位としての家族ですが、自然的な家族とは、親・子の二世帯家族のことであると国家から言われると、核家族や母子・父子家族や同性愛者家族は、尊重されなくなってしまいます。或いは、それは、父・母・子の核家族のことであると国家から言われると、母子・父子家族や同性愛者家族は、尊重されなくなってしまいます。危険な条項です。

「家族は尊重される」を利用すると、軍人の家族は尊重（優遇）することが可能となります。

「家族は互いに助け合わなければならない」を利用すると、国家は、親子はすべての面で助け合わなければならない。老人介護も、障害を持つ人の世話も家族で、と言うことができますから、この規定は、社会保障を否定する根拠となります。

　第二四条の第二項は、「婚姻は、両性の合意に基づいて成立し、夫婦が同等の権利を有することを基本として、相互の協力により、維持されなければならない」としております。

日本国憲法のように、「両性の合意のみ」で婚姻は成立するとは言っておりませんので、この「第二項」のもとでは、「両性の合意」に条件を付けることが可能となります。

例えば、両親の承認＋両性の合意や、親族の承認＋両性の合意や、国家・自治体の承認＋両性の合意なども、認められることになります。

　親や国家が婚姻に介入できるようにしようとしているのは、第二次世界大戦前の大日本帝国における封建的な「家」制度を復活しようとしているからです。「家」制度の復活は、天皇と国家に国民を服属させるための不可欠の工作です。

　第二四条の第三項は、「家族、扶養、後見、婚姻及び離婚、財産権、相続並びに親族に関するその他の事項に関しては、法律は、個人の尊厳と両性の本質的平等に立脚して、制定されなければならない」としております。

　日本国憲法にあった「配偶者の選択」が削除されたのは、親だけでなく、国家・自治体までが婚姻に介入できるようにしようとしているためであると考えられます。国家や自治体が、所謂「婚活パーティー」などの婚姻活動（婚活）事業を取り扱い、婚姻を奨励し、子作りを煽ることが、可能となります。

第二次世界大戦前の大日本帝国は、中国（中華民国）全土を自国の植民地にするための「日中戦争」を一九三七年七月七日に起こしますが、一九三九年八月二五日に、厚生省に「人口問題研究所」が設置され、厚生省が、将来の労働力不足や兵士不足を補うために、『生めよ殖やせよ国のため』のスローガンを打出して、子作りを奨励しました。このようなことが、可能となります。

また、日本国憲法にあった「住居の選定」が削除されたのは、国家・自治体が、親（原則として、夫の親）との同居を夫婦に強制できるようにしようとしているためであると考えられます。「家」制度を復活させて、親の面倒を夫婦に（特に、女性に）見させようとしていることの表れです。

「親族」とは、血縁及び婚姻によって親類（身内）となった人々のことですが、社会保障を切り捨てるために、若者が安心して兵役に就くことができるようにするために、自分の家の構成員のみでなく、身内（親族）の構成員までも、本家や分家が面倒を見る「家」制度を、作ろうとしていると考えられます。

金子勝先生の憲法教室
9

自民党「改憲草案」を読み解く

精神的自由権①—思想及び良心の自由・信教の自由

日本国憲法の保障する「精神的自由権」とは、心が統制されない権利です。日本国憲法では、第一九条「思想及び良心の自由」、第二〇条「信教の自由」、第二一条「集会・結社・表現の自由」、第二三条「学問の自由」が保障されております。日本国憲法の第一九条は、「思想及び良心の自由は、これを侵してはならない」としております。「思想」とは、考えて得られた知識のことであり、「良心」とは、正しいと思うことを貫こうとする心のことです。

「思想及び良心の自由」の保障の本質は、

①少数派（異端派）の思想・良心の尊重であり（多数派の思想・良心は、原則、侵されない）、

②誰もが、「沈黙の自由」を有しているから、思想・良心の表明を強制されない（江戸幕府時代のキリスト教弾圧に用いられた「踏絵」のような行為の強制、或いは、「日の丸」、「君が代」、「天皇制」の支持・不支持に関するアンケート調査の強制は、許されない）、

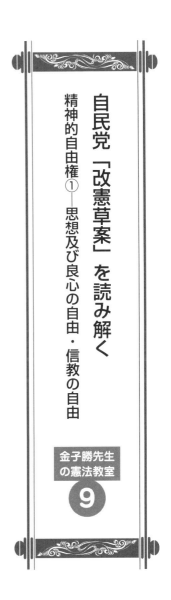

③国家や自治体やそれに準ずる大企業は、特定の思想・良心を禁止したり、強制したりすることはできない、というところにあります。

「思想・良心の自由」の保障のもとでは、誰も個人の持つ思想・良心を理由として、その人に不利益を課す事はできないし、特定の思想・良心の持ち主を職場や学校から追放する「パージ」（purge）は行うことが出来ない。また、誰も「君が代」を歌うことの強制や「君が代」伴奏の強制を、行うことができない。しかし、最高裁判所は、それらを強制する職務命令を容認しております（最高裁判所第三小法廷判決・二〇〇七年二月二七日、「君が代訴訟（ピアノ伴奏事件）」。最高裁判所第二小法廷判決・二〇一一年五月三〇日、「起立斉唱命令事件」）。

自民党の「改憲草案」の第一九条は、「思想及び良心の自由は、保証する」としております。この「保障する」と、日本国憲法の「侵してはならない」の違いは、何でしょうか。改憲草案は、第一二条で「（自由及び権利の行使は）常に公益及び公の秩序に反してはならない」としています。従って、第一九条の「保障する」は、公益及び公の秩序に反しない限りでの思想・良心の自由の保障という意味なのです。

日本国憲法の第一九条の「侵してはならない」があると、公益及び公の秩序による制約を使うことができなくなりますから、「侵してはならない」を削除したのです。

改憲草案は、第三条で、「日本国民は、国旗及び国歌を尊重しなければならない」（第二項）という規定を掲げております。

公益及び公の秩序に反することを理由とする「パージ」（追放）が、可能となります。公益及び公の秩序に反しているか否かを調べるための「踏絵」も、可能となります。

次に、「信教の自由」。「信教の自由」とは、宗教を持つ自由、宗教を持たない自由が、誰にも保障されることであり、宗教を持つ人は、宗教団体（教団）を作り、或いは、自分の好きな教団に入る自由を有し、更に、自己の教団の教義を広める自由を有します。宗教は、超自然（超人間）的存在、（神・仏・霊など）が実在することを確信し、その存在を崇拝する行為のことを指します。

日本国憲法の第二〇条第一項は、「信教の自由は、何人に対してもこれを保証する。いかなる宗教団体も、国から特権を受け、又は政治上の権力を行使してはならない」としております。この第一項の趣旨は、一つは、国家・自治体は、宗教をもってはいけないということ、即ち、国教の禁止、「政権分離」にあります。宗教を持たない人、国家・自治体の持つ宗教以外の宗教が弾圧されるのを阻止するためです。もう一つは、宗教団体は、政党と結びついてはいけないということ、即ち、「党教分離」にあります。宗教団体が政党と一体化すると、宗教団体が政治上権力を行使することができる（例えば、法律を作ることができる）からです。

「信教の自由」の保障のために、国家・自治体は、宗教団体に特権を与えてはいけない（例えば、土地を与える、税金を免除する、宗教団体の役員を公務員にするなど）し、宗教団体は、国家・自治体に特権を求めてはいけません。宗教団体は、政党を作って、国会に進出し、内閣総理大臣や国務大臣の地位を確保して、行政権力を行使してはいけません。法律を作ること（立法権力の行使）もいけません。

第二〇条の第二項は、「何人も、宗教上の行為、祝典、儀式又は行事に参加することを強制されない」としております。「信教の自由」の保障のために、誰もが、宗教上の行為（礼拝、参拝、説教などの行為）、祝典（クリスマス、花祭り等の祝典）、儀式（葬式、会式などの儀式）、行事（定期的に行われる法話、節分の行事、法要などの行事）に、誰からも（国家・自治体・団体・個人から）、参加を強制されることはないと明言しております。

第二〇条の第三項は、「国及びその機関は、宗教教育その他いかなる宗教的活動もしてはならない」としております。国家・自治体とその機関（国家・自治体が経営したり管理したりする組織）が宗教教育を行うこと、国家・自治体とその機関及びその構成員（公務員）が、宗教的活動を行うことを、一切禁止しております。

しかし、国会議員、内閣総理大臣、国務大臣は、以前には、天皇も、靖国神社に参拝をしております。内閣総理大臣は、伊勢神宮にも参拝しております。明白な憲法違反行為です。このような横暴の源は、最高裁判所の判決にあります。最高裁判所は、津市の行った神道による地鎮祭を憲法違反であると訴えた「津地鎮祭事件」で、国家・自治体とその機関及び公務員が、宗教的活動を行っても、「宗教に対する援助、助長、促進又は圧迫、干渉等にならなければ」、それは許されるとの判断を示しました。地鎮祭は、世俗的なもので、憲法第二〇条第三項により禁止される宗教的活動に当たらないと判断しました（最高裁判所大法廷判決・一九七五年七月一三日)。

この大法廷判決によって、「いかなる宗教的活動もしてはならない」に「風穴」が開けられ、国家・自治体とその機関及び公務員に、宗教的活動をする〝屁理屈〟の根拠が与えられました。

自民党の「改憲草案」は、第二〇条第一項で「信教の自由は、保証する。国は、いかなる宗教団体に対しても、特権を与えてはならない」としております。日本国憲法の第二〇条第一項にあった「何人に対しても」を削除したのは、それがあると、第一二条を利用した「公益及び公の秩序に反しない限り」での「信教の自由」の保障が、不可能となるからです。また、「いかなる宗教団体も、政治上の権力は行使してはならない」の削除は、宗教団体の政治活動を国家が利用できるようにしようとしているからなのです。

改憲草案では、「カルト（cult）教団」（邪教の教団）だから、「公の秩序に反する」存在との理由で、特定の宗教に対する弾圧が可能となります。

次に、第二〇条の第二項は、「何人も、宗教上の行為、祝典、儀式又は行事に参加することを強制されない」としております。日本国憲法の第二〇条第二項と同一です。しかし、改憲草案は、「日本国は」、「天皇を戴く国家」（前文）、「天皇は、日本国の元首」（第一条）としておりますから、天皇の死に伴う葬儀に国民が参加を強制される措置が取られる危険が考えられます。

更に、第二〇条の第三項は、「国及び地方自治体その他の公共団体は、特定の宗教のための教育その他の宗教的活動をしてはならない。ただし、社会的儀礼又は、習俗的行為の範囲を越えないものについては、この限りでない」としております。この第三項は、国家・自治体とその機関及び公共団体（ＮＨＫなど）の宗教的活動を認めようとしております。

即ち、特定の宗教のための教育はできませんが、全ての宗教のための教育は可能となります。国家による宗教全体の保護を狙ったもので、それを通して、国家は、宗教の利用が可能となります。戦争に行く兵士の心を操作する（落ちつかせる・勇気を持たせるなど）組織を作ることができます。

この第三項では、日本国憲法第二〇条第三項にあった「いかなる宗教的活動もしてはならない」の「いかなる」が削除されております。従って、国家・自治体とその機関及び公共団体による特定の宗教的活動が可能となります。

即ち、靖国神社参拝は、日本人の社会的儀礼（挨拶的行為）と言い立てれば、天皇や内閣総理大臣や国務大臣や国会議員（国家の機関）は、公的な資格で、靖国神社に参拝することができます。国家・自治体・公共団体は、公費を靖国神社に支出することができます（改憲草案第八九条第一項）。

また、地鎮祭は、習俗的行為（世俗的な慣習的行為）と言い立てれば、国家・自治体・公共団体は、公費を用いて（改憲草案第八九条第一項）、地鎮祭を実施することができます。

この第三項の観点は、「津地鎮祭事件」の最高裁判所大法廷判決の利用であり、「政教分離」の形骸化です。

今後の戦死者を靖国神社に合祀しようとする意図が、見えてきます。

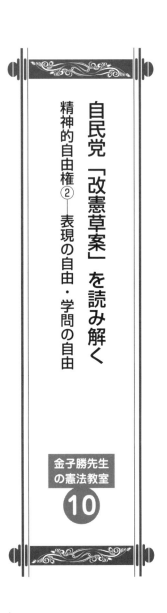

自民党「改憲草案」を読み解く

精神的自由権②――表現の自由・学問の自由

金子勝先生の憲法教室 10

今回は「精神的自由」の中の「表現の自由」と「学問の自由」です。「表現の自由」――日本国憲法は第二一条第一項で、「集会、結社及び言論、出版その他一切の表現の自由はこれを保証する」としています。「集会」とは、意思を表明するための2人以上の人々による会合のことですし、「結社」とは、意思を表明するための人々による団体の結成のことです。「言論」とは、言葉や文章による意思の表明のことです。「出版社その他」とは、新聞・雑誌・図書・映画・演劇・デモ・テレビ・パソコン・ソーシャルメディアなどの手段による意思の表明のことです。表現の自由を行使できるように、国民には、「知る権利」が保障され、国家・自治体機関には、「情報公開」が義務付けられます。政府は秘密を持てないという事です。

しかし現実には、最高裁判所は、多くの表現の自由の制限を認めています。例えば、わいせつ文書の取り締まり（最高裁判所大法廷判決・一九六九年一〇月一五日、「チャタレー事件」）「公安条例」（集団行動――七二時間前に公安委員会へ届けて許可を受けなければならない）の合憲性（最高裁判所大法廷判決・一九六〇年七月二〇日）、「東京都公安条例事件」、ビラ配りの規制（最高裁判所第二小法廷判決・二〇〇九年一一月三〇日、「政党ビラ・マンション投函事件」）など。

第二項には「検閲は、これをしてはならない。通信の秘密はこれを侵してはならない」とあります。「検閲」とは、社会に発表される表現の内容を、国家が事前に審査して、それの発表の可否を決めることですが、日本では堂々と検閲がおこなわれております。その典型的な例が、教科書検定です。教科書を出版しようとする者（個人・団体・企業）は、教科書用の原稿が、文部科学省（教科書調査官）の審査（検定）に合格しないと、それを教科書として出版する事はできません。また「犯罪捜査のための通信傍受に関する法律」（二〇〇〇年八月一五日施行）で、警察官・検察官に、組織的な重大犯罪の捜査に当たって通信傍受（盗聴）が認められています。「表現の自由」は、風前の灯の状態です。

自民党の「改憲草案」は、「表現の自由」について、第二一条第一項で、「集会、結社及び言論、出版その他一切の表現の自由は、保障する」と定めております。これは、日本国憲法と同趣旨ですが、問題は第二項（新設）、です。それは、「前項の規定にかかわらず、公益及び公の秩序を害することを目的とした活動を行い、並びにそれを目的として結社することは、認められない」としております。表現の自由は、国家が恣意的に決める公益（みんなのための利益）及び公の秩序（国・社会の安定状態）の範囲内でしか認められないのです。国家の表現「狩り」、団体「狩り」が可能となり、マスメディアは国家の奴隷的メディアとならなければ存在できません。

第三項の「検閲は、してはならない。通信の秘密は、侵してはならない」の規定は、日本国憲法の規定と同趣旨です。しかし、第二項の「公益及び公の秩序を害することを目的とした活動」の判断には事後検閲が必要です。また、第二項に該当する結社を見つけるためには、盗聴が必要だと国家は言うでしょう。従って、第三項の規定は有名無実とならざるを得ません。

「学問の自由」——日本国憲法は、第二三条で、「学問の自由は、これを保障する」としています。学問とは、知り得た事柄である知識を創造し、発展させる行為ですが、「学問の自由」は、①研究（事物を調査し、その正体を明らかにすること及びその正体を発展させること）の自由、②研究資料の収集の自由、③研究成果の発表の自由、④研究成果の教授の自由で構成されております。

「学問の自由」の保障のためには、学問する人と組織に「学問の自治」が認められなければなりません。日本では、文部省＝文部科学省の「学習指導要領」の強制化によって、幼稚園・小学校・中学校・高等学校等の学校機関の「学問の自治」は、認められておりません。大学（短大を含む）のみに「学問の自治＝大学の自治」が認められておりますが、しかし、最高裁判所は、教員は大学の自治の主体であるが、学生は大学の自治の主体ではない――学生は学問の自由と学生の自治の制約を受ける――としております（最高裁判所大法廷判決・一九六三年五月二二日、「ポポロ事件」）。

二〇〇四年四月一日から（「国立大学法人法」の施行）、国立大学は、法人化されました。国立大学は、運営費交付金を毎年1％づつ削減され、大企業に研究を買ってもらうことを通して、大学の自治を失いつつあります。

自民党の「改憲草案」は、「学問の自由」について、第二三条で、「学問の自由は、保障する」と定めております。日本国憲法の規定と同趣旨ですが、改憲草案の「自由及び権利＝基本的人権」の保障には、「公益及び公の秩序に反しない限り」（第一二条）という絶対的条件が付いております。それ故、この「学問の自由」も、また、大学の自治も、国家による恣意的統制を受けますから、結局のところは、この両者は、条文の上だけの存在となってしまいます。

金子勝先生の憲法教室 11

自民党「改憲草案」を読み解く
社会権①——生活権

今回から、新しく学ぶ「社会権」は、労働階級の出現を踏まえて、二〇世紀に作られた基本的人権です。一九一七年一月三一日制定の「メキシコ合衆国憲法」、「一九一九年八月一一日のドイツ国憲法」（「ワイマール憲法」）において、創出されました。「社会権」は、社会全体から——社会全体を総括する国家・自治体から——経済的・精神的・文化的援助を受ける権利です。そのことによって、個人が国家・自治体・団体・他者から自由になることができるようにする権利・自立する権利です。更に、そのことを通して、共同社会を維持・発展させようとする権利です。従って、それは「幸福追求権」の発展形態といえます。日本国憲法の「社会権」は生活権（二五条）、教育権（二六条）、労働権（二七条）、「休息権」（第二七条）、「労働基本権——団結権」、団体交渉権、団体行動権（二八条）によって構成されています。また、環境権、スポーツ権、移動するための交通権など、二一世紀

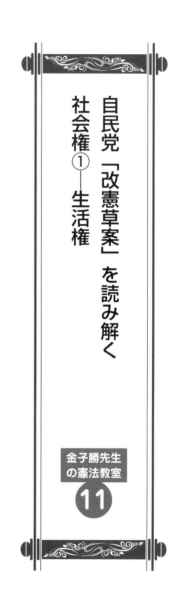

の新しい権利も含みます。

日本国憲法第二五条第一項は、「すべての国民は、健康で文化的な最低限度の生活を営む権利を有する」（第一項）と規定しています。これまで、この権利は、条文のなかに「生存」という言葉がないのに「生存権」といわれ、また、この権利は、条文のなかに「権利を有する」と書いてあるのに、国民の権利ではなく、「生存権」を保障する努力を国家に課した「政治的宣言」（「プログラム」）であるとの説が有力でした。しかし、今日では、国民の努力で、この権利を国民の権利であるとする「権利説」が有力となりつつあります。

「生存権」説は、東京大学法学部の先生方が、「一九一九年八月一一日のドイツ国ドイツ憲法」（「ワイマール憲法」）の第一五一条の規定――「経済生活の秩序は、すべての人にいいいいいいい人たるに値する生存を保障することを目指す正義の諸原則に適合するものでなければならない。各人の経済的自由は、この限界内において確保するものとする」（第一項）を見て（傍点引用者）、これを、「生存権」と命名し、この「生存権」を日本国憲法「第二五条」にあてはめた（『註解日本国憲法　上巻』有斐閣・二四〇頁）ことに端を発しています。

「プログラム」説は、東京大学法学部の先生方が、生存権は労働によって確保されるが、日本国憲法のもとでは、全ての人に労働を保障する経済的組織の設置を定めていないから、「第二五条」は、生存権をすべての国民の具体的権利と宣言していると思えない。従って、生存権を保障する努力を国家に課したものであるから、「プログラム」的意義のものである（前掲『註解日本国憲法　上巻』・二四五―二四七頁）としたことに端を発しています。

この捏造された「生存権」説と「プログラム」説は、国家と多くの研究者に受け入れられて、「第二五条」は、「生存権」であって、「食べること」ができればいいもの、かつ、それは、国家の努力義務を示したもの（「プログラム」）であるとする説が定着し、最高裁判所も、それを肯定しました（最高裁判所大法廷判決・一九六七年五月二四日、「朝日訴訟」）。

しかし、「第二五条」は「生活権」であり、「国民の権利」です。「生活権」とは、健康で文化的な最低限度（その水準は、時代・地域によって変化する）の生活＝人間たるに値する生活が確保できるように、「食べること」だけではなく・着ること・住むこと・知を研くこと・働くこと・休むこと・医療を受けることなどが保障されるとする権利です。

続いて、第二五条第二項は、「国は、全ての生活部面について、社会福祉、社会保障及び公衆衛生の向上及び増進に努めなければならない」と規定しております。

社会福祉とは、国家の負担で、国民の生命・生活を維持・発展させる措置をとることであり、社会保障とは、国家と企業と国民の負担で、国民の生命・生活を維持・発展させる措置をとること（年金・保険などの措置）です。公衆衛生とは、国民の健康を維持・発展させる措置をとること（危険な薬や食品や道具を売らせない、伝染病を防ぐ、公害を防ぐなど）です。

今日では、社会福祉・社会保障・公衆衛生の三つを合わせて社会保障と呼ぶことが、一般化しています。

日本国憲法は、社会福祉・社会保障・公衆衛生の「向上及び増進に努めなければならない」としておりますから、国家は、毎年、所謂「社会保障」の費用を増額する予算措置を取らなければなりません。日本国憲法のもとでは、予算における「社会保障」関係費の削減措置は、憲法違反となります。「プログラム」説に立てば、予算におけるそれらの削減措置は、許されることになります。

誤りの「第二五条」における「生存権」説と「プログラム」説が、いかに国民にとって有害なものであるかということが明らかとなったから、今後は、私達は、「第二五条」を、「権利」としての「生活権」と主張しなければなりません。

では、自民党の「改憲草案」の「第二五条」は、どうでしょうか。その第一項は、「全て国民は、健康で文化的な最低限度の生活を営む権利を有する」となっており、その見出しが「生存権」となっております。ということは、同条は、「生存権」の「プログラム」説を貫こうとしていると考えられます。

その第二項は、「国は、国民生活のあらゆる側面において、社会福祉、社会保障及び公衆衛生の向上及び増進に努めなければならない」となっております。同項は、日本国憲法の第二五条第三項と同趣旨ですが、改憲草案は、「生存権」を「プログラム」と位置付けておりますので、予算における「社会保障」関係費（社会福祉・社会保障・公衆衛生の関係費）の削減は、違憲ではなくなります。

なお、改憲草案の「基本的人権」の保障には、「公衆及び公の秩序に反しない限り」（第一二条）という絶対的条件が付いておりますので、国家は、「公益及び公の秩序」に反したと決めた人に対して、「生存権」の保障を拒否することが可能となります。

金子勝先生の憲法教室 12

自民党「改憲草案」を読み解く 社会権②――教育権

今回は、「社会権」のなかの「教育権」について学びます。日本国憲法第二六条第一項は、「すべて国民は、法律の定めるところにより、その能力に応じて、ひとしく教育を受ける権利を有する」と規定しています。まず問題になるのは、「その能力に応じて」。この能力は、学力だけではありません。目の見えない人は目の見えないままで、聴く事のできない人も、動くことのできない人も、お金のない人も、みなそのままで、それが、「能力に応じて」の意味です。

これまで、日本では、「ひとしく」と「教育を受ける権利」が結合して教育の画一化（例えば、同じものを食べる学校給食、同じ内容の「検定」教科書の使用など）、個性の切り捨て化が進められてきました。また、「教育を受ける権利」が、考え育てること（教育）を受ける権利とされてきましたから、それは、「教育を受ける義務」ということになっています。

この状況を打開するためには、「教育を受ける権利」を「学ぶ権利」と理解しなければならないと考えています。国民に「学ぶ権利」を保障するためには、国家や自治体は、支援しなければなりません。その支援の仕方として、今、日本の奨学金制度が大きな問題になっています。日本の奨学金は返済型ですが、世界は給付型が「主流」です。

たとえば、ＯＥＣＤ（経済協力開発機構）加盟三四ヵ国中、返済不要の給付制度奨学金の無いのは日本とアイスランドだけです。さらに、日本の奨学金には、利子付（年三％が上限）のもの（第二種奨学金）まであるのです。まさにアイフル、アコム、プロミスなどの金貸し業者と同じではありませんか。学ぶ若者から利子をとるのは日本とアメリカだけ、若者を大切にしない残酷な国家だという証明です。国民の「学ぶ権利」を保障するために、日本も、給付型奨学金制度に移行することが求められています。

第二六条第二項は、「すべての国民は、法律の定めるところにより、その保護する子女に普通教育を受けるさせる義務を負ふ。義務教育は、これを無償とする」と規定しています。しかし、現在、無償なのは授業料と教科書のみ。給食費や社会科見学費なども含めた、全ての教育費の無償化への取り組みが必要です（「しんぶん赤旗」の調査によれば、二〇一七年九月二〇日時点で、全国の八三市町村で学校給食無償化が実施されている。二〇一七年九月二一日付「しんぶん赤旗」）。

日本において、中学校卒業者の高等学校進学率が九六％を越え（二〇一五年三月、九六・六％。二〇一六年三月、九六・六％。文部科学省『平成28年度学校基本調査報告書』・

二〇一六年)、高等学校授業料の無償化が実施(二〇一〇年四月から)された今日、国民の地力の増進のために、高等学校教育までを義務教育としてもいいのではないでしょうか。なお、「子女」という言葉について、子は、男の子、女は、女の子の意味です。封建的な「家」制度の言葉で、日本国憲法の弱点です。「子」と書くべきでした。子は、「学ぶ権利」を有していますが、「普通教育を受ける義務」は有しておりません。

二一世紀は、親と子の「幸福」のために、教育費はすべて無償化の時代とすべきです。真に日本国憲法を活かした教育のあり方が求められます。

自民党の「改憲草案」を見ていきましょう。第二六条第一項で、「全て国民は、法律の定めるところにより、その能力に応じて、等しく教育を受ける権利を有する」、その第二項で、「全て国民は、法律の定めるところにより、その保護する子に普通教育を受けさせる義務を負う。義務教育は、無償とする」と規定しています。日本国憲法の第二六条第一項・第二項と同趣旨ですが、日本国憲法の「子女」を、「子」と改めています。注目しなければならないのは、新設の第三項で、それは、「国は、教育が国の未来を切り拓く上で欠くことのできないものであることに鑑み、教育環境の整備に努めなければならない」と述べております。この規定を利用して、国民の「教育権」から国家の「教育権」への転換が行われることは必定です。教育に関することはすべて国家が一方的に決める、それは大日本帝国憲法のもとでの「教育」のようになるということです。つまり、国家が教え育てる「教育」(教育の本来の意味)を貫こうとしております。

安倍政権の教育改革は、そのことを狙っております。教育委員会制度の廃止を視野に入れた首長の教育行政に対する支配権の確立が果たされ（二〇一四年六月一三日に、「地方教育行政法改定案」が成立）、更に、教科書の国定化を目指す条件づくりも執拗に進められています。

自民党「改憲草案」を読み解く
社会権③——労働権

金子勝先生の憲法教室 13

「社会権」のなかの「労働権」は、日本国憲法では、第二七条に定められています。第一項は、「すべての国民は、勤労の権利を有し、義務を負ふ」と規定しております。「労働」ではなく「勤労」となっています、勤労と労働とは、違います。労使対立のような対抗概念を含む労働は、自立のための自己活動を意味する言葉です。勤労は、他者への奉仕の活動を意味する言葉ですが、日本では、天皇や天皇の国家への奉仕の活動の意味に使われてきました。だから、天皇を意識して、憲法上、労使対立のような対抗概念を含む労働ではなく、そのような対抗概念を含まない勤労という言葉を使ったと思われます。「（勤労の）義務を負う」は、日本国憲法の原案にはなく、一九四六年六月二〇日開会の帝国議会——憲法制定議会衆議院で入れられたものです。勤労を、天皇への奉仕の活動と把握すれば、それを「義務」とする考えが出てきます。日本国憲法にも、こう言う問題点があることを忘れないで下さい。

他方、資本家階級や地主階級の搾取的立場を批判して、「働かざる者食うべからず」の考えからも、「義務を負う」は取り入れられました。

勤労に対する「権利と義務」の併置は、国家に勤労の場を国民に提供する義務を負わせましたが、しかし勤労の義務を果たさないものは生活保護を得られないとする生活保護法第四条第一項（一九五〇年五月四日施行）が生まれるもとにもなりました。

同第一項は、「保護は、生活に困窮する者が、その利用し得る資産、能力その他あらゆるものを、その最低限度の生活の維持のために活用することを要件として行われる」としております。義務が入ったことによって、進歩的な条文が、歪められてしまいました。

労働（勤労）を義務とすると、労働を苦痛なものとするきっかけになり、或いは、労働ができないものに対して差別がおこなわれるきっかけになります。さらに、強制労働も可ということにもなります。それ故、労働（勤労）を「義務」としてはいけないのです。幸いなことに、日本国憲法には、「何人も、いかなる奴隷的拘束も受けない。又、犯罪に因る処罰の場合を除いては、その意に反する苦役に服させられない」と規定する第一八条がありますから、今のところ強制労働はありませんが、義務とはこのように、国民の権利を抑圧する道具にもなるものです。

第二項は、「賃金、終業時間、急速その他の勤労条件に関する基準は、法律でこれを定める」と規定しております。その法律とは、「労働基準法」（一九四七年九月一日・二月一日施行）です。労働基準法は、「労働条件は、労働者が人たるに値する生活を営むための必要を充たすべきものでなければならない」（第一条第一項）、「この法律で定める労働条件の基準は最低のものであるから、労働関係の当事者は、この基準を理由として労働条件を低下させてはならないことはもとより、その向上を図るように努めなければならない」（第一条第二項）としています。

「労働基準法」が定める日本の労働条件の最低基準は、例えば、（1）労働者と対等の立場に立つ使用者の労働者に対する労働条件の差別的取り扱いを禁止としています（第二条・第三条）。

（2）賃金については、ⓐ男女同一賃金が原則（第四条）であり、ⓑ賃金は、通貨で、直接労働者に、その全額を支払わなければならない（第二四条第一項）、ⓒ賃金の最低基準は、最低賃金法で定める（第二八条）としております。

（3）就業時間については、ⓐ使用者は、労働者に、休憩時間を除き、一週間について四〇時間を超えて、労働させてはならない（第三二条第一項）、ⓑ使用者は、一週間の各日については、労働者に、休憩時間を除き一日について八時間を超えて、労働させてはならない（第三二条第二項）としております。但し、労（労働組合・労働者の過半数を代表する者）・使の協定によって、労働時間の延長や休日の労働が可能となります（第三六条第一項）。その場合、厚生労働大臣告示は、時間外労働を、週一五時間、月四五時間、年三六〇時間までと限定しております。しかし、違反に対する罰則はありません。従って、無制限が可能となります。

（4）休憩については、ⓐ使用者は、労働時間が六時間を超える場合においては少なくとも四五分、八時間を超える場合においては少なくとも一時間の休憩時間を労働時間の途中に与えなければならない（第三四条第一項）、ⓑ使用者は、その休憩時間を自由に利用させなければならない（第三四条第三項）としております。

（5）休日については、使用者、労働者に対して、毎週少なくとも一回の休日を与えなければならない（第三五条第一項）としております。

（6）時間外労働・休日労働等の割増賃金については、ⓐ使用者が、労働時間を延長し、又は休日に労働させた場合においては、その労働又はその日の労働については、通常の労働時間又は労働日の賃金の計算額の二割五分以上五割以下の範囲内でそれぞれ政令で定める率以上の率で計算した割増賃金を支払わなければならない（第三七条第一項）、ⓑ深夜労働（午後一〇時から午前五時までの労働）の場合は、その時間の労働については、通常の労働時間の賃金の計算額の二五分以上の率で計算した割増賃金を支払わなければならない（第三七条第四項）としております。

しかし、日本の現実は、「労働基準法」の定める最低基準すら、〝夢物語〟となっております。

例えば、（1）賃金格差については、ⓐ一般労働者の男女の賃金（基本給・月額）の場合、二〇一六年において、男性を一〇〇（三三万五二〇〇円）とすると、女性は七三・〇（二四万四六〇〇円）となっております。ⓑ一般労働者以外の短期間労働者の男女の一時間当たりの賃金の場合、二〇一六年において、男性を一〇〇（一一三四円）とすると、女性は九二・九（一〇五四円）となっております。ⓒ正社員・正職員と非正社員・非正職の賃金（基本給・月額）の場合、二〇一六年において、正社員・正職員を一〇〇（三二万一七〇〇円）とすると、非正社員・非正職員は六五・八（二一万一八〇〇円）となっております（厚生労働省『二〇一六年賃金構造基本統計調査』）。

（2）長時間労働、サービス残業が当たり前となり、二〇一六年度において、過労自殺者（未遂を含む）は、八四人、過労死者（認定者）は、一〇七人となっております（厚生労働省の発表、二〇一七年六月三〇日）。厚生労働省の認める過労死発生ライン（基準線）は、一ヵ月一〇〇時間労働、二ヵ月連続八〇時間労働です。

（3）日本の労働者の賃金を決定する基礎となる最低賃金については、二〇一七年の場合、全国平均で、時給八四八円（二〇一五年度）の場合、同じ、七九八円、二〇一六年度の場合、同、八二三円）です。全国労働組合総連合（全労連）の加盟労働組合が、全国各地で実施した「最低生計費試算調査」では、人間たるに値する生活のためには、最低賃金が、時給一四〇〇円～一五〇〇円となることが必要との結果が出ています（「第二表」参照）。

第二表　最低生計費試算調査・総括表（25歳単身者・賃貸ワンルームマンション（25㎡）に居住という条件で試算）

都道府県名	北海道		岩手県	福島県	静岡県		新潟県	愛知県		広島県	香川県	徳島県	平均値
自治体名	札幌市		盛岡市	福島市	静岡市		新潟市	名古屋市		広島市	高松市	徳島市	
最賃ランク	C/男性	C/女性	D	D	B/男性	B/女性	C	A/男性	A/女性	B/女性	C	D	
消費支出	163,824	159,471	174,325	167,389	186,228	185,291	178,438	162,526	162,821	151,327	162,811	161,368	167,985
食費	39,991	32,310	40,083	40,083	40,253	34,240	38,241	37,900	31,319	35,074	39,024	39,521	37,337
住居費	32,000	32,000	35,000	32,000	38,000	38,000	38,000	45,000	45,000	36,458	35,000	36,000	36,872
水道・光熱	10,206	9,933	9,024	8,715	7,559	6,594	11,064	7,510	6,551	9,500	5,991	7,017	8,305
家具・家事用品	4,090	4,398	4,216	3,509	3,883	4,124	3,765	3,480	3,600	3,677	6,160	3,841	4,062
被服・履物	5,828	4,431	6,540	5,962	7,521	4,296	6,951	8,426	8,406	7,170	7,576	7,381	6,707
保険医療	4,558	3,274	2,596	2,596	3,255	4,516	4,188	2,186	5,016	6,372	2,420	2,492	3,622
交通・通信	16,660	17,438	39,986	37,348	47,687	47,498	43,328	19,062	18,872	12,464	34,862	34,391	30,800
教育費	0	0	0	0	0	0	0	0	0	0	0	0	0
教養・娯楽	30,068	30,068	17,533	17,726	18,408	22,034	14,970	17,745	17,764	26,856	11,645	10,679	19,625
その他	20,423	25,619	19,347	19,450	19,662	23,989	18,148	21,217	26,293	13,756	20,133	20,046	20,674
非消費支出	44,878	44,878	37,367	37,367	46,662	46,662	47,287	47,562	47,562	43,838	42,417	42,515	44,083
非消費額比率	19.95%	20.38%	16.31%	16.87%	18.55%	18.63%	19.42%	21.02%	20.99%	20.78%	19.17%	19.34%	19.26%
予備費	16,300	15,900	17,400	16,700	18,600	18,500	17,800	16,200	16,200	15,826	16,000	16,000	16,786
最低生計費　税抜き	180,124	175,371	191,725	184,089	204,828	203,791	196,238	178,726	179,021	167,153	178,811	177,368	184,770
最低生計費　税込	225,002	220,249	229,092	221,456	251,490	250,453	243,525	226,288	226,583	210,991	221,228	219,883	228,853
年額（税込）	2,700,024	2,642,988	2,749,104	2,657,472	3,017,880	3,005,436	2,922,300	2,715,456	2,718,996	2,531,892	2,654,736	2,638,596	2,746,240
月150時間換算	1,500	1,468	1,527	1,476	1,677	1,670	1,624	1,509	1,511	1,407	1,475	1,466	1,526
月155時間換算	1,452	1,421	1,478	1,429	1,623	1,616	1,571	1,460	1,462	1,361	1,427	1,419	1,476
月173.8時間換算	1,295	1,267	1,318	1,274	1,447	1,441	1,401	1,302	1,304	1,214	1,273	1,265	1,317
2015年最低賃金額	764		695	705	783		731	820		769	719	695	798
調査実施時期	2016年4月		2016年3月	2016年3月	2015年12月		2015年12月	2016年2月		2016年1月	2012年7月	2012年7月	

（注）算定方法はマーケット・バスケット方式（全物量積み上げ方式）による試算。（2016年8月）
資料：全労連・最低生計費試算調査PT作成
（出所）全国労働組合総連合・労働運動総合研究所編「2017年国民春闘白書」・学習の友社・2016年・40頁。

国税庁が、二〇一六年九月二八日に発表した二〇一五年分の「民間給与実態統計調査」によれば、正規雇用労働者（三一四一万五〇〇〇人）の年間賃金の平均額は、四八四万九〇〇〇円、非正規雇用者（一一二二万八〇〇〇人）の年間賃金の平均額は、一七〇万五〇〇〇円（両者を合わせた民間企業の労働者の年間賃金の平均額は、四二〇万四〇〇〇円）となっております。一年を通じて勤務しても、年収二〇〇万円以下の働く貧困者は、一一三〇万人となっております。

日本では、労働者が、奴隷的労働から解放されて、人間たるに値する生活を営むことができるようにするために、使用者が、労働者に一日・八時間を超える労働をさせることができないようにする措置を労働基準法の中に取り入れる必要があります。

なお､毎年五月一日に世界中で行われている労働者の祭典「メーデー」の第一回（一八九〇年五月一日）のスローガン（合言葉）は、第一の八時間は、働くために、第二の八時間は、眠るために、第三の八時間は、各自の好きなことのために、でした。

第三項は、「児童は、これを酷使してはならない」と、子たちに関する権利を規定しております。国家・自治体・企業・親による児童の〝搾取〟を禁止しております。

「労働基準法」は、「使用者は、児童が、満一五歳に達した日以後の最初の三月三一日が終了するまで（中学校を卒業するまで——引用者）」、これを使用してはならない」（第五六条第一項）としております。

また、「児童の健康及び福祉に有害でなく、かつ、その労働が軽易なもの（例えば、物品の販売、映画の制作、演劇その他の興行の事業など——引用者）については、行政官庁の許可を受けて、満一三歳以上の児童をその者の修学時間外に使用することができる。映画の制作又は演劇の事業については、満一三歳に満たない児童についても、同様とする」（第五六条第二項）としております。

「児童の権利に関する条約」〔「子どもの権利条約」〕（一九八九年一一月二〇日採択、日本国、一九九四年五月二二日発効）は、「締約国は、児童が経済的な搾取から保護され及び危険となり若しくは児童の教育の妨げとなり又は児童の健康若しくは身体的、精神的、道徳的若しくは社会的な発達に有害となるおそれのある労働への従事から保護される権利を認める」（第三二条第一項）。「締結国は、この条約の規定の実施を確保するための立法上、行政上、社会上及び教育上の措置をとる」（第三二条第二項）と規定しております。

さて、自民党の「改憲草案」ですが、その第二七条は、「全て国民は、勤労の権利を有し、義務を負う」（第一項）、「賃金、就業時間、休息その他の勤労条件に関する基準は、法律で定める」（第二項）、「何人も、児童を酷使してはならない」（第三項）となっており、条文の文言は、日本国憲法とほとんど同じです。しかし、その意味は、全く変わったものとなります。

改憲草案は、「天皇」を、「日本国の元首」（第一条）としておりますから、「勤労」が天皇へ奉仕の活動そのものの意味に用いられる危険性が高くなりました。例えば、「勤労の義務」を用いて、天皇が訪問に利用する道路や建物の整備に国民を動員することが可能になります。

また、改憲草案は、「自由及び権利には、責任及び義務が伴うことを自覚し（なければならない」（第一二条）と規定しておりますから、「勤労の義務」を用いて、強制労働を国民に課すことが可能となります。例えば、生活保護を受けている人に、勤労を強制することが可能となります。

更に、改憲草案は、「日本国民は、国と郷土を誇りと気概を持って自ら守（る）」（前文）と規定しておりますから、「勤労の義務」を用いて、国民に対する徴兵（強制兵役）・徴用（戦争のための強制労働）が可能となります。児童を少年兵にすることも、児童を戦時に工場等で強制労働させる（酷使する）ことも、可能となります。

改憲草案は、国民に、「自由及び権利には責任及び義務が伴うことを自覚し（なければならない）」（第一二条）としており、また、「（自由及び権利の行使に当たっては、）常に公益及び公の秩序に反してはならない」（第一二条）としており、国民への自由及び権利（基本的人権）の保障には積極的でなく、義務の履行を重視しておりますから、「勤労の権利」は、「勤労の義務」を国民に強制することを正当化する道具としての存在になります。

自民党「改憲草案」を読み解く
社会権④―労働基本権

金子勝先生の憲法教室14

社会権の柱の最後は、「労働基本権」です。日本国憲法二八条は、「勤労者の団結する権利及び団体交渉その他の団体行動をする権利は、これを保障する」と規定しています。「団結する権利」・「団体交渉の権利」・「団体行動をする権利」、これを、労働三権といいます。

労働三権の保障の方法は、労働組合法で具体的に定められております。「団結する権利」とは、労働組合を組織する権利及び労働組合に加入する権利・労働組合から脱退する権利のことです。労働組合法は、使用者に対して、「不当労働行為」として、「労働者が労働組合の組合員であること、労働組合に加入し、若しくはこれを結成しようとしたこと若しくは労働組合の正当な行為をしたことの故をもって、その労働者を解雇し、その他これに対して不利益な取扱いをすること又は、労働者が労働組合に加入せず、若しくは労働組合から脱退することを雇用条件とすること」を「してはならない」、「ただし、労働組合が特定の工場事業場に雇用される労働者の過半数を代表する場合において、その労働者がその労働組合の組合員であることを雇用条件とする労働契約を締結することを妨げるものではない」（第七条第一号）と定めております。

使用者が雇用した労働者に組合加入を義務付け、組合を脱退した場合には解雇されるとする労働協約は、ユニオン・ショップ（union shop・組合企業）協約と呼ばれ、使用者が労働者を雇用する場合、特定組合の組合員でなければ雇用しないとする労働協約は、クローズド・ショップ（closed shop・閉鎖企業）協約と呼ばれますが、この二つの協約は、日本国憲法の「思想・良心の自由」（第一九条）の保障を侵害する違憲の協約です。

「団体交渉の権利」とは、「労働組合の代表者又は労働組合の委任を受けた者」が、「労働組合又は組合員のために使用者又はその団体と労働協約の締結その他の事項に関して交渉する権限」（労働組合法第六条）のことです。使用者は、「雇用する労働者の代表者と団体交渉をすることを正当な理由なく拒むこと」はできません。（労働組合法第七条第二号）。「不当労働行為」となります。労働委員会は、使用者が団体交渉に応じないという不当労働行為があった旨の申し立てを受けたときは、遅滞なく調査を行い（労働組合法第二七条第一項）、「救済命令」を発することができます（労働組合法第二七条の一二・第一項）。

「団体行動をする権利」とは、争議行為をする権利（ストライキ＝集団で労働を拒否する行為、職場集会、サボタージュ＝意識的に仕事の能率を低下させる行為、生産管理など）のことです。「使用者は、同盟罷業（ストライキのこと——引用者）その他の争議行為であって正当なものによって損害を受けたことの故をもって、労働組合又はその組合員に対し賠償を請求することができない」（労働組合法第八条）。

使用者が労働組合又は組合員に対し賠償を請求することができないとなって、初めて、雇用者の「団体行動をする権利」が保障されますから、使用者の賠償請求を認めないことが「公共の福祉」の実現なのです。

勤労者のなかに、公務員も含まれますから、日本国憲法は、公務員にも、労働基本権を保障しておりますが、しかし、現実は、見るに忍びない違憲の状態です。公務員のうちの警察職員、自衛隊員、消防職員、監獄職員、海上保安庁職員は、労働三権が禁止されています。

また、それ以外の国家公務員と地方公務員の全てには、団結権は保障されておりますが、争議権は禁止されております（国家公務員法第九八条第一項、第一〇八条の二・第三項。地方公務員法第三七条第一項、第五二条第三項）。最高裁判所は、公務員の争議権の禁止を容認しております。

「国民全体の共同利益の保証という見地から」、「公務員の争議行為は制約を受ける」、「公務員の争議行為の禁止は、憲法に違反することはない」（最高裁判所大法廷判決・一九七三年四月二五日、「全農林警職法事件」）。公務員に労働基本権のすべてが保障されて、初めて、日本の労働者の人権が確立します。

日本の雇用者（労働者）の労働組合組織率（推定）は、二〇一六年（六月三〇日現在）の場合、一七・三％（九九四万九四五人、雇用者・五七二九万人）です（厚生労働省政策

統括官編集『労働統計要覧。平成二八年度』。二〇一七年・三三ページ、一八八頁）。この組織率の低さが、労働者の人権が守られない現状の原因の一つになっております。

では、自民党の「改憲草案」は、第二八条をどう書いているのでしょうか。第一項は、「勤労者の団結する権利及び団体交渉その他の団体行動をする権利は、保障する」と規定しておりますから、日本国憲法と同趣旨です。問題は、新設された第二項です。そこには、「公務員については、全体の奉仕者であることに鑑み、法律の定めるところにより、前項に規定する権利の全部または一部を制限することができる。この場合においては、公務員の労働条件を改善するため、必要な措置が講じられなければならない」との規定があります。これは、現在の違憲の公務員の労働基本権の制限をそのまま憲法に取り入れたものであり、憲法の名を汚す行為です。二一世紀は、公務員の基本的人権も十分に保障されるのが、普遍的立場なのです。

更に問題となるのが、労働基本権につきまとう、自由及び権利（基本的人権）の保障は「公益及び公の秩序に反しない限り」という、改憲草案第一二条の規定です。この規定を利用すれば、民間企業の労働者の労働基本権も、天皇や戦争や治安維持を理由にして、制限・剥奪が可能となります。

例えば、交通労働者がストライキをすると、都市は機能麻痺を起こすから、交通労働者のストライキは公の秩序のために、禁止する、或いは、戦争は国益（公益）のために行われるから、戦争を妨害する労働者のストライキは禁止する、或いは、勤労者は天皇への奉仕者だから、天皇を困らせることは控えなければならない、ストライキなどもってのほかである、が可能となる。

日本の働く者は、当分、「労働者」になれません。日本の働く者を、「労働者」ではなく、天皇への奉仕者を意味する「勤労者」と呼んだことが、平和と人権と民主主義のために闘う民衆を育ちにくくしてきた原因の一つになっていると思われます。

日本国憲法改正草案（現行憲法対照）

自由民主党 日本国憲法改正草案（平成二四年四月二七日）

（前文）

日本国は、長い歴史と固有の文化を持ち、国民統合の象徴である天皇を戴く国家であって、国民主権の下、立法、行政及び司法の三権分立に基づいて統治される。

我が国は、先の大戦による荒廃や幾多の大災害を乗り越えて発展し、今や国際社会において重要な地位を占めており、平和主義の下、諸外国との友好関係を増進し、世界の平和と繁栄に貢献する。

日本国民は、国と郷土を誇りと気概を持って自ら守

日本国憲法（現行）

（前文）

日本国民は、正当に選挙された国会における代表者を通じて行動し、われらとわれらの子孫のために、諸国民との協和による成果と、わが国全土にわたつて自由のもたらす恵沢を確保し、政府の行為によつて再び戦争の惨禍が起ることのないやうにすることを決意し、ここに主権が国民に存することを宣言し、この憲法を確定する。そもそも国政は、国民の厳粛な信託によるものであつて、その権威は国民に由来し、その権力は

り、基本的人権を尊重するとともに、和を尊び、家族や社会全体が互いに助け合って国家を形成する。

我々は、自由と規律を重んじ、美しい国土と自然環境を守りつつ、教育や科学技術を振興し、活力ある経済活動を通じて国を成長させる。

日本国民は、良き伝統と我々の国家を末永く子孫に継承するため、ここに、この憲法を制定する。

国民の代表者がこれを行使し、その福利は国民がこれを享受する。これは人類普遍の原理であり、この憲法は、かかる原理に基くものである。われらは、これに反する一切の憲法、法令及び詔勅を排除する。

日本国民は、恒久の平和を念願し、人間相互の関係を支配する崇高な理想を深く自覚するのであつて、平和を愛する諸国民の公正と信義に信頼して、われらの安全と生存を保持しようと決意した。われらは、平和を維持し、専制と隷従、圧迫と偏狭を地上から永遠に除去しようと努めてゐる国際社会において、名誉ある地位を占めたいと思ふ。われらは、全世界の国民が、ひとしく恐怖と欠乏から免かれ、平和のうちに生存する権利を有することを確認する。

われらは、いづれの国家も、自国のことのみに専念して他国を無視してはならないのであつて、政治道徳の法則は、普遍的なものであり、この法則に従ふことは、自国の主権を維持し、他国と対等関係に立たうとする各国の責務であると信ずる。

日本国民は、国家の名誉にかけ、全力をあげてこの崇高な理想と目的を達成することを誓ふ。

第一章　天皇

第一条〔天皇〕

天皇は、日本国の元首であり、日本国及び日本国民統合の象徴であって、その地位は、主権の存する日本国民の総意に基づく。

第二条〔皇位の継承〕

皇位は、世襲のものであって、国会の議決した皇室典範の定めるところにより、これを継承する。

第三条〔国旗及び国歌〕

1　国旗は日章旗とし、国歌は君が代とする。

2　日本国民は、国旗及び国歌を尊重しなければならない。

第四条〔元号〕

元号は、法律の定めるところにより、皇位の継承があったときに制定する。

第一章　天皇

第一条〔天皇の地位・国民主権〕

天皇は、日本国の象徴であり日本国民統合の象徴であつて、この地位は、主権の存する日本国民の総意に基く。

第二条〔皇位の継承〕

皇位は、世襲のものであつて、国会の議決した皇室典範の定めるところにより、これを継承する。

第三条〔天皇の国事行為に対する内閣の助言と承認〕

天皇の国事に関するすべての行為には、内閣の助言と承認を必要とし、内閣が、その責任を負ふ。

（新設）

第五条〔天皇の権能〕
天皇は、この憲法に定める国事に関する行為を行い、国政に関する権能を有しない。
〔削除〕

〔削除〕

第六条〔天皇の国事行為等〕
1 天皇は、国民のために、国会の指名に基づいて内閣総理大臣を任命し、内閣の指名に基づいて最高裁判所の長である裁判官を任命する。
2 天皇は、国民のために、次に掲げる国事に関する行為を行う。
一 憲法改正、法律、政令及び条約を公布すること。

第四条〔天皇の権能の限界、天皇の国事行為の委任〕
① 天皇は、この憲法の定める国事に関する行為のみを行ひ、国政に関する権能を有しない。
② 天皇は、法律の定めるところにより、その国事に関する行為を委任することができる。

第五条〔摂政〕
皇室典範の定めるところにより摂政を置くときは、摂政は、天皇の名でその国事に関する行為を行ふ。この場合には、前条第一項の規定を準用する。

第六条〔天皇の任命権〕
① 天皇は、国会の指名に基いて、内閣総理大臣を任命する。
② 天皇は、内閣の指名に基いて、最高裁判所の長たる裁判官を任命する。

第七条〔天皇の国事行為〕
天皇は、内閣の助言と承認により、国民のために、左の国事に関する行為を行ふ。

二　国会を召集すること。
三　衆議院を解散すること。
四　衆議院議員の総選挙及び参議院議員の通常選挙の施行を公示すること。
五　国務大臣及び法律の定めるその他の国の公務員の任免を認証すること。
六　大赦、特赦、減刑、刑の執行の免除及び復権を認証すること。
七　栄典を授与すること。
八　全権委任状並びに大使及び公使の信任状並びに批准書及び法律の定めるその他の外交文書を認証すること。
九　外国の大使及び公使を接受すること。
十　儀式を行うこと。

3　天皇は、法律の定めるところにより、前二項の行為を委任することができる。

4　天皇の国事に関する全ての行為には、内閣の進言を必要とし、内閣がその責任を負う。ただし、衆議院の解散については、内閣総理大臣の進言による。

一　憲法改正、法律、政令及び条約を公布すること。
二　国会を召集すること。
三　衆議院を解散すること。
四　国会議員の総選挙の施行を公示すること。
五　国務大臣及び法律の定めるその他の官吏の任免並びに全権委任状及び大使及び公使の信任状を認証すること。
六　大赦、特赦、減刑、刑の執行の免除及び復権を認証すること。
七　栄典を授与すること。
八　批准書及び法律の定めるその他の外交文書を認証すること。
九　外国の大使及び公使を接受すること。
十　儀式を行ふこと。

第四条（略）
②　天皇は、法律の定めるところにより、その国事に関する行為を委任することができる。

第三条（略）
天皇の国事に関するすべての行為には、内閣の助言と承認を必要とし、内閣が、その責任を負ふ。

5　第一項及び第二項に掲げるもののほか、天皇は、国又は地方自治体その他の公共団体が主催する式典への出席その他の公的な行為を行う。

第七条〔摂政〕

1　皇室典範の定めるところにより摂政を置くときは、摂政は、天皇の名で、その国事に関する行為を行う。

2　第五条及び前条第四項の規定は、摂政について準用する。

第八条〔皇室への財産の譲渡等の制限〕

皇室に財産を譲り渡し、又は皇室が財産を譲り受け、若しくは賜与するには、法律で定める場合を除き、国会の承認を経なければならない。

第二章　安全保障

第九条〔平和主義〕

1　日本国民は、正義と秩序を基調とする国際平和

〔新設〕

第五条〔摂政〕

皇室典範の定めるところにより摂政を置くときは、摂政は、天皇の名でその国事に関する行為を行ふ。この場合には、前条第一項の規定を準用する。

第八条〔皇室の財産授受〕

皇室に財産を譲り渡し、又は皇室が、財産を譲り受け、若しくは賜与することは、国会の議決に基かなければならない。

第二章　戦争の放棄

第九条〔戦争の放棄、戦力及び交戦権の否認〕

①　日本国民は、正義と秩序を基調とする国際平和

を誠実に希求し、国権の発動としての戦争を放棄し、武力による威嚇及び武力の行使は、国際紛争を解決する手段としては用いない。

2 前項の規定は、自衛権の発動を妨げるものではない。

第九条の二〔国防軍〕

1 我が国の平和と独立並びに国及び国民の安全を確保するため、内閣総理大臣を最高指揮官とする国防軍を保持する。

2 国防軍は、前項の規定による任務を遂行する際は、法律の定めるところにより、国会の承認その他の統制に服する。

3 国防軍は、第一項に規定する任務を遂行するための活動のほか、法律の定めるところにより、国際社会の平和と安全を確保するために国際的に協調して行われる活動及び公の秩序を維持し、又は国民の生命若しくは自由を守るための活動を行うことができる。

4 前二項に定めるもののほか、国防軍の組織、統

を誠実に希求し、国権の発動たる戦争と、武力による威嚇又は武力の行使は、国際紛争を解決する手段としては、永久にこれを放棄する。

② 前項の目的を達するため、陸海空軍その他の戦力は、これを保持しない。国の交戦権は、これを認めない。

〔新設〕

制及び機密の保持に関する事項は、法律で定める。

5　国防軍に属する軍人その他の公務員がその職務の実施に伴う罪又は国防軍の機密に関する罪を犯した場合の裁判を行うため、法律の定めるところにより、国防軍に審判所を置く。この場合においては、被告人が裁判所へ上訴する権利は、保障されなければならない。

第九条の三〔領土等の保全等〕
国は、主権と独立を守るため、国民と協力して、領土、領海及び領空を保全し、その資源を確保しなければならない。

第三章　国民の権利及び義務

第十条〔日本国民〕
日本国民の要件は、法律で定める。

〔新設〕

第三章　国民の権利及び義務

第十条〔国民の要件〕
日本国民たる要件は、法律でこれを定める。

第十一条〔基本的人権の享有〕

国民は、全ての基本的人権を享有する。この憲法が国民に保障する基本的人権は、侵すことのできない永久の権利である。

第十二条〔国民の責務〕

この憲法が国民に保障する自由及び権利は、国民の不断の努力により、保持されなければならない。国民は、これを濫用してはならず、自由及び権利には責任及び義務が伴うことを自覚し、常に公益及び公の秩序に反してはならない。

第十三条〔人としての尊重等〕

全て国民は、人として尊重される。生命、自由及び幸福追求に対する国民の権利については、公益及び公の秩序に反しない限り、立法その他の国政の上で、最大限に尊重されなければならない。

第十一条〔基本的人権の享有〕

国民は、すべての基本的人権の享有を妨げられない。この憲法が国民に保障する基本的人権は、侵すことのできない永久の権利として、現在及び将来の国民に与へられる。

第十二条〔自由・権利の保持の責任とその濫用の禁止〕

この憲法が国民に保障する自由及び権利は、国民の不断の努力によつて、これを保持しなければならない。又、国民は、これを濫用してはならないのであつて、常に公共の福祉のためにこれを利用する責任を負ふ。

第十三条〔個人の尊重・幸福追求権・公共の福祉〕

すべて国民は、個人として尊重される。生命、自由及び幸福追求に対する国民の権利については、公共の福祉に反しない限り、立法その他の国政の上で、最大の尊重を必要とする。

第十四条〔法の下の平等〕
1　全て国民は、法の下に平等であって、人種、信条、性別、障害の有無、社会的身分又は門地により、政治的、経済的又は社会的関係において、差別されない。
2　華族その他の貴族の制度は、認めない。
3　栄誉、勲章その他の栄典の授与は、現にこれを有し、又は将来これを受ける者の一代に限り、その効力を有する。

第十五条〔公務員の選定及び罷免に関する権利等〕
1　公務員を選定し、及び罷免することは、主権の存する国民の権利である。
2　全て公務員は、全体の奉仕者であって、一部の奉仕者ではない。
3　公務員の選定を選挙により行う場合は、日本国籍を有する成年者による普通選挙の方法による。
4　選挙における投票の秘密は、侵されない。選挙人は、その選択に関し、公的にも私的にも責任

第十四条〔法の下の平等、貴族の禁止、栄典〕
①　すべて国民は、法の下に平等であつて、人種、信条、性別、社会的身分又は門地により、政治的、経済的又は社会的関係において、差別されない。
②　華族その他の貴族の制度は、これを認めない。
③　栄誉、勲章その他の栄典の授与は、いかなる特権も伴はない。栄典の授与は、現にこれを有し、又は将来これを受ける者の一代に限り、その効力を有する。

第十五条〔公務員選定罷免権、公務員の本質、普通選挙の保障、秘密投票の保障〕
①　公務員を選定し、及びこれを罷免することは、国民固有の権利である。
②　すべて公務員は、全体の奉仕者であつて、一部の奉仕者ではない。
③　公務員の選挙については、成年者による普通選挙を保障する。
④　すべて選挙における投票の秘密は、これを侵してはならない。選挙人は、その選択に関し公的

を問われない。

第十六条〔請願をする権利〕

1　何人も、損害の救済、公務員の罷免、法律、命令又は規則の制定、廃止又は改正その他の事項に関し、平穏に請願をする権利を有する。

2　請願をした者は、そのためにいかなる差別待遇も受けない。

第十七条〔国等に対する賠償請求権〕

何人も、公務員の不法行為により損害を受けたときは、法律の定めるところにより、国又は地方自治体その他の公共団体に、その賠償を求めることができる。

第十八条〔身体の拘束及び苦役からの自由〕

1　何人も、その意に反すると否とにかかわらず、社会的又は経済的関係において身体を拘束されない。

2　何人も、犯罪による処罰の場合を除いては、その意に反する苦役に服させられない。

にも私的にも責任を問はれない。

第十六条〔請願権〕

何人も、損害の救済、公務員の罷免、法律、命令又は規則の制定、廃止又は改正その他の事項に関し、平穏に請願する権利を有し、何人も、かかる請願をしたためにいかなる差別待遇も受けない。

第十七条〔国及び公共団体の賠償責任〕

何人も、公務員の不法行為により、損害を受けたときは、法律の定めるところにより、国又は公共団体に、その賠償を求めることができる。

第十八条〔奴隷的拘束及び苦役からの自由〕

何人も、いかなる奴隷的拘束も受けない。又、犯罪に因る処罰の場合を除いては、その意に反する苦役に服させられない。

第十九条〔思想及び良心の自由〕
思想及び良心の自由は、保障する。

第十九条の二〔個人情報の不当取得の禁止等〕
何人も、個人に関する情報を不当に取得し、保有し、又は利用してはならない。

第二十条〔信教の自由〕
1 信教の自由は、保障する。国は、いかなる宗教団体に対しても、特権を与えてはならない。
2 何人も、宗教上の行為、祝典、儀式又は行事に参加することを強制されない。
3 国及び地方自治体その他の公共団体は、特定の宗教のための教育その他の宗教的活動をしてはならない。ただし、社会的儀礼又は習俗的行為の範囲を超えないものについては、この限りでない。

第二十一条〔表現の自由〕
1 集会、結社及び言論、出版その他一切の表現の

第十九条〔思想及び良心の自由〕
思想及び良心の自由は、これを侵してはならない。

〔新設〕

第二十条〔信教の自由〕
① 信教の自由は、何人に対してもこれを保障する。いかなる宗教団体も、国から特権を受け、又は政治上の権力を行使してはならない。
② 何人も、宗教上の行為、祝典、儀式又は行事に参加することを強制されない。
③ 国及びその機関は、宗教教育その他いかなる宗教的活動もしてはならない。

第二十一条〔集会・結社・表現の自由、通信の秘密〕
① 集会、結社及び言論、出版その他一切の表現の

自由は、保障する。

2　前項の規定にかかわらず、公益及び公の秩序を害することを目的とした活動を行い、並びにそれを目的として結社をすることは、認められない。

3　検閲は、してはならない。通信の秘密は、侵してはならない。

第二十一条の二〔国政上の行為に関する説明の責務〕

国は、国政上の行為につき国民に説明する責務を負う。

第二十二条〔居住、移転及び職業選択等の自由等〕

1　何人も、居住、移転及び職業選択の自由を有する。

2　全て国民は、外国に移住し、又は国籍を離脱する自由を有する。

自由は、これを保障する。

〔新設〕

②　検閲は、これをしてはならない。通信の秘密は、これを侵してはならない。

〔新設〕

第二十二条〔居住・移転及び職業選択の自由、外国移住及び国籍離脱の自由〕

①　何人も、公共の福祉に反しない限り、居住、移転及び職業選択の自由を有する。

②　何人も、外国に移住し、又は国籍を離脱する自由を侵されない。

第二十三条〔学問の自由〕
学問の自由は、保障する。

第二十四条〔家族、婚姻等に関する基本原則〕
1　家族は、社会の自然かつ基礎的な単位として、尊重される。家族は、互いに助け合わなければならない。
2　婚姻は、両性の合意に基づいて成立し、夫婦が同等の権利を有することを基本として、相互の協力により、維持されなければならない。
3　家族、扶養、後見、婚姻及び離婚、財産権、相続並びに親族に関するその他の事項に関しては、法律は、個人の尊厳と両性の本質的平等に立脚して、制定されなければならない。

第二十五条〔生存権等〕
1　全て国民は、健康で文化的な最低限度の生活を営む権利を有する。
2　国は、国民生活のあらゆる側面において、社会福祉、社会保障及び公衆衛生の向上及び増進に

第二十三条〔学問の自由〕
学問の自由は、これを保障する。

第二十四条〔家族生活における個人の尊厳と両性の平等〕
〔新設〕
①　婚姻は、両性の合意のみに基いて成立し、夫婦が同等の権利を有することを基本として、相互の協力により、維持されなければならない。
②　配偶者の選択、財産権、相続、住居の選定、離婚並びに婚姻及び家族に関するその他の事項に関しては、法律は、個人の尊厳と両性の本質的平等に立脚して、制定されなければならない。

第二十五条〔生存権、国の社会的使命〕
①　すべて国民は、健康で文化的な最低限度の生活を営む権利を有する。
②　国は、すべての生活部面について、社会福祉、社会保障及び公衆衛生の向上及び増進に努めな

努めなければならない。	ければならない。
第二十五条の二〔環境保全の責務〕 国は、国民と協力して、国民が良好な環境を享受することができるようにその保全に努めなければならない。	〔新設〕
第二十五条の三〔在外国民の保護〕 国は、国外において緊急事態が生じたときは、在外国民の保護に努めなければならない。	〔新設〕
第二十五条の四〔犯罪被害者等への配慮〕 国は、犯罪被害者及びその家族の人権及び処遇に配慮しなければならない。	〔新設〕
第二十六条〔教育に関する権利及び義務等〕	第二十六条〔教育を受ける権利、教育の義務〕
1　全て国民は、法律の定めるところにより、その能力に応じて、等しく教育を受ける権利を有する。	①　すべて国民は、法律の定めるところにより、その能力に応じて、ひとしく教育を受ける権利を有する。
2　全て国民は、法律の定めるところにより、その	②　すべて国民は、法律の定めるところにより、そ

保護する子に普通教育を受けさせる義務を負う。

義務教育は、無償とする。

3 国は、教育が国の未来を切り拓く上で欠くことのできないものであることに鑑み、教育環境の整備に努めなければならない。

第二十七条〔勤労の権利及び義務等〕

1 全て国民は、勤労の権利を有し、義務を負う。

2 賃金、就業時間、休息その他の勤労条件に関する基準は、法律で定める。

3 何人も、児童を酷使してはならない。

第二十八条〔勤労者の団結権等〕

1 勤労者の団結する権利及び団体交渉その他の団体行動をする権利は、保障する。

2 公務員については、全体の奉仕者であることに鑑み、法律の定めるところにより、前項に規定する権利の全部又は一部を制限することができる。この場合においては、公務員の勤労条件を

の保護する子女に普通教育を受けさせる義務を負ふ。義務教育は、これを無償とする。

〔新設〕

第二十七条〔勤労の権利及び義務、勤労条件の基準、児童酷使の禁止〕

① すべて国民は、勤労の権利を有し、義務を負ふ。

② 賃金、就業時間、休息その他の勤労条件に関する基準は、法律でこれを定める。

③ 児童は、これを酷使してはならない。

第二十八条〔勤労者の団結権〕

勤労者の団結する権利及び団体交渉その他の団体行動をする権利は、これを保障する。

〔新設〕

改善するため、必要な措置が講じられなければならない。

第二十九条〔財産権〕
1　財産権は、保障する。
2　財産権の内容は、公益及び公の秩序に適合するように、法律で定める。この場合において、知的財産権については、国民の知的創造力の向上に資するように配慮しなければならない。
3　私有財産は、正当な補償の下に、公共のために用いることができる。

第三十条〔納税の義務〕
国民は、法律の定めるところにより、納税の義務を負う。

第三十一条〔適正手続の保障〕
何人も、法律の定める適正な手続によらなければ、その生命若しくは自由を奪われ、又はその他の刑罰を科せられない。

第二十九条〔財産権〕
①　財産権は、これを侵してはならない。
②　財産権の内容は、公共の福祉に適合するやうに、法律でこれを定める。
③　私有財産は、正当な補償の下に、これを公共のために用ひることができる。

第三十条〔納税の義務〕
国民は、法律の定めるところにより、納税の義務を負ふ。

第三十一条〔法定の手続の保障〕
何人も、法律の定める手続によらなければ、その生命若しくは自由を奪はれ、又はその他の刑罰を科せられない。

第三十二条〔裁判を受ける権利〕
何人も、裁判所において裁判を受ける権利を有する。

第三十三条〔逮捕に関する手続の保障〕
何人も、現行犯として逮捕される場合を除いては、裁判官が発し、かつ、理由となっている犯罪を明示する令状によらなければ、逮捕されない。

第三十四条〔抑留及び拘禁に関する手続の保障〕
1 何人も、正当な理由がなく、若しくは理由を直ちに告げられることなく、又は直ちに弁護人に依頼する権利を与えられることなく、抑留され、又は拘禁されない。
2 拘禁された者は、拘禁の理由を直ちに本人及びその弁護人の出席する公開の法廷で示すことを求める権利を有する。

第三十五条〔住居等の不可侵〕
1 何人も、正当な理由に基づいて発せられ、かつ、

第三十二条〔裁判を受ける権利〕
何人も、裁判所において裁判を受ける権利を奪はれない。

第三十三条〔逮捕の要件〕
何人も、現行犯として逮捕される場合を除いては、権限を有する司法官憲が発し、且つ理由となつてゐる犯罪を明示する令状によらなければ、逮捕されない。

第三十四条〔抑留・拘禁の要件、不法拘禁に対する保障〕
何人も、理由を直ちに告げられ、且つ、直ちに弁護人に依頼する権利を与へられなければ、抑留又は拘禁されない。又、何人も、正当な理由がなければ、拘禁されず、要求があれば、その理由は、直ちに本人及びその弁護人の出席する公開の法廷で示されなければならない。

第三十五条〔住居の不可侵〕
① 何人も、その住居、書類及び所持品について、

捜索する場所及び押収する物を明示する令状によらなければ、住居その他の場所、書類及び所持品について、侵入、捜索又は押収を受けない。ただし、第三十三条の規定により逮捕される場合は、この限りでない。

2　前項本文の規定による捜索又は押収は、裁判官が発する各別の令状によって行う。

第三十六条〔拷問及び残虐な刑罰の禁止〕
公務員による拷問及び残虐な刑罰は、禁止する。

第三十七条〔刑事被告人の権利〕
1　全て刑事事件においては、被告人は、公平な裁判所の迅速な公開裁判を受ける権利を有する。

2　被告人は、全ての証人に対して審問する機会を十分に与えられる権利及び公費で自己のために強制的手続により証人を求める権利を有する。

3　被告人は、いかなる場合にも、資格を有する弁護人を依頼することができる。被告人が自らこ

侵入、捜索及び押収を受けることのない権利は、第三十三条の場合を除いては、正当な理由に基いて発せられ、且つ捜索する場所及び押収する物を明示する令状がなければ、侵されない。

②　捜索又は押収は、権限を有する司法官憲が発する各別の令状により、これを行ふ。

第三十六条〔拷問及び残虐刑の禁止〕
公務員による拷問及び残虐な刑罰は、絶対にこれを禁ずる。

第三十七条〔刑事被告人の権利〕
①　すべて刑事事件においては、被告人は、公平な裁判所の迅速な公開裁判を受ける権利を有する。

②　刑事被告人は、すべての証人に対して審問する機会を充分に与へられ、又、公費で自己のために強制的手続により証人を求める権利を有する。

③　刑事被告人は、いかなる場合にも、資格を有する弁護人を依頼することができる。被告人が自

れを依頼することができないときは、国でこれを付する。

第三十八条〔刑事事件における自白等〕

1 何人も、自己に不利益な供述を強要されない。

2 拷問、脅迫その他の強制による自白又は不当に長く抑留され、若しくは拘禁された後の自白は、証拠とすることができない。

3 何人も、自己に不利益な唯一の証拠が本人の自白である場合には、有罪とされない。

第三十九条〔遡及処罰等の禁止〕

何人も、実行の時に違法ではなかった行為又は既に無罪とされた行為については、刑事上の責任を問われない。同一の犯罪については、重ねて刑事上の責任を問われない。

第四十条〔刑事補償を求める権利〕

何人も、抑留され、又は拘禁された後、裁判の結果

らこれを依頼することができないときは、国でこれを附する。

第三十八条〔自己に不利益な供述、自白の証拠能力〕

① 何人も、自己に不利益な供述を強要されない。

② 強制、拷問若しくは脅迫による自白又は不当に長く抑留若しくは拘禁された後の自白は、これを証拠とすることができない。

③ 何人も、自己に不利益な唯一の証拠が本人の自白である場合には、有罪とされ、又は刑罰を科せられない。

第三十九条〔遡及処罰の禁止・一事不再理〕

何人も、実行の時に適法であつた行為又は既に無罪とされた行為については、刑事上の責任を問はれない。又、同一の犯罪について、重ねて刑事上の責任を問はれない。

第四十条〔刑事補償〕

何人も、抑留又は拘禁された後、無罪の裁判を受け

無罪となったときは、法律の定めるところにより、国にその補償を求めることができる。

第四章　国会

第四十一条〔国会と立法権〕
国会は、国権の最高機関であって、国の唯一の立法機関である。

第四十二条〔両議院〕
国会は、衆議院及び参議院の両議院で構成する。

第四十三条〔両議院の組織〕
1　両議院は、全国民を代表する選挙された議員で組織する。
2　両議院の議員の定数は、法律で定める。

第四十四条〔議員及び選挙人の資格〕
両議院の議員及びその選挙人の資格は、法律で定める。この場合においては、人種、信条、性別、障害の

たときは、法律の定めるところにより、国にその補償を求めることができる。

第四章　国会

第四十一条〔国会の地位・立法権〕
国会は、国権の最高機関であつて、国の唯一の立法機関である。

第四十二条〔両院制〕
国会は、衆議院及び参議院の両議院でこれを構成する。

第四十三条〔両議院の組織・代表〕
①　両議院は、全国民を代表する選挙された議員でこれを組織する。
②　両議院の議員の定数は、法律でこれを定める。

第四十四条〔議員及び選挙人の資格〕
両議院の議員及びその選挙人の資格は、法律でこれを定める。但し、人種、信条、性別、社会的身分、門

有無、社会的身分、門地、教育、財産又は収入によって差別してはならない。

第四十五条〔衆議院議員の任期〕
衆議院議員の任期は、四年とする。ただし、衆議院が解散された場合には、その期間満了前に終了する。

第四十六条〔参議院議員の任期〕
参議院議員の任期は、六年とし、三年ごとに議員の半数を改選する。

第四十七条〔選挙に関する事項〕
選挙区、投票の方法その他両議院の議員の選挙に関する事項は、法律で定める。この場合においては、各選挙区は、人口を基本とし、行政区画、地勢等を総合的に勘案して定めなければならない。

第四十八条〔両議院議員兼職の禁止〕
何人も、同時に両議院の議員となることはできない。

地、教育、財産又は収入によつて差別してはならない。

第四十五条〔衆議院議員の任期〕
衆議院議員の任期は、四年とする。但し、衆議院解散の場合には、その期間満了前に終了する。

第四十六条〔参議院議員の任期〕
参議院議員の任期は、六年とし、三年ごとに議員の半数を改選する。

第四十七条〔選挙に関する事項〕
選挙区、投票の方法その他両議院の議員の選挙に関する事項は、法律でこれを定める。

第四十八条〔両議院議員兼職の禁止〕
何人も、同時に両議院の議員たることはできない。

第四十九条〔議員の歳費〕
両議院の議員は、法律の定めるところにより、国庫から相当額の歳費を受ける。

第五十条〔議員の不逮捕特権〕
両議院の議員は、法律の定める場合を除いては、国会の会期中逮捕されず、会期前に逮捕された議員は、その議院の要求があるときは、会期中釈放しなければならない。

第五十一条〔議員の免責特権〕
両議院の議員は、議院で行った演説、討論又は表決について、院外で責任を問われない。

第五十二条〔通常国会〕
1 通常国会は、毎年一回召集される。
2 通常国会の会期は、法律で定める。

第五十三条〔臨時国会〕
内閣は、臨時国会の召集を決定することができる。

第四十九条〔議員の歳費〕
両議院の議員は、法律の定めるところにより、国庫から相当額の歳費を受ける。

第五十条〔議員の不逮捕特権〕
両議院の議員は、法律の定める場合を除いては、国会の会期中逮捕されず、会期前に逮捕された議員は、その議院の要求があれば、会期中これを釈放しなければならない。

第五十一条〔議員の発言・表決の無責任〕
両議院の議員は、議院で行つた演説、討論又は表決について、院外で責任を問はれない。

第五十二条〔常会〕
国会の常会は、毎年一回これを召集する。
〔新設〕

第五十三条〔臨時会〕
内閣は、国会の臨時会の召集を決定することができ

いずれかの議院の総議員の四分の一以上の要求があったときは、要求があった日から二十日以内に臨時国会が召集されなければならない。

第五十四条〔衆議院の解散と衆議院議員の総選挙、特別国会及び参議院の緊急集会〕

1　衆議院の解散は、内閣総理大臣が決定する。

2　衆議院が解散されたときは、解散の日から四十日以内に、衆議院議員の総選挙を行い、その選挙の日から三十日以内に、特別国会が召集されなければならない。

3　衆議院が解散されたときは、参議院は、同時に閉会となる。ただし、内閣は、国に緊急の必要があるときは、参議院の緊急集会を求めることができる。

4　前項ただし書の緊急集会において採られた措置は、臨時のものであって、次の国会開会の後十日以内に、衆議院の同意がない場合には、その効力を失う。

る。いづれかの議院の総議員の四分の一以上の要求があれば、内閣は、その召集を決定しなければならない。

第五十四条〔衆議院の解散・特別会、参議院の緊急集会〕

①　衆議院が解散されたときは、解散の日から四十日以内に、衆議院議員の総選挙を行ひ、その選挙の日から三十日以内に、国会を召集しなければならない。

②　衆議院が解散されたときは、参議院は、同時に閉会となる。但し、内閣は、国に緊急の必要があるときは、参議院の緊急集会を求めることができる。

③　前項但書の緊急集会において採られた措置は、臨時のものであつて、次の国会開会の後十日以内に、衆議院の同意がない場合には、その効力を失ふ。

第五十五条〔議員の資格審査〕
両議院は、各々その議員の資格に関し争いがあるときは、これについて審査し、議決する。ただし、議員の議席を失わせるには、出席議員の三分の二以上の多数による議決を必要とする。

第五十六条〔表決及び定足数〕
1　両議院の議事は、この憲法に特別の定めのある場合を除いては、出席議員の過半数で決し、可否同数のときは、議長の決するところによる。
2　両議院の議決は、各々その総議員の三分の一以上の出席がなければすることができない。

第五十七条〔会議及び会議録の公開等〕
1　両議院の会議は、公開しなければならない。ただし、出席議員の三分の二以上の多数で議決したときは、秘密会を開くことができる。
2　両議院は、各々その会議の記録を保存し、秘密会の記録の中で特に秘密を要すると認められる

第五十五条〔資格争訟の裁判〕
両議院は、各々その議員の資格に関する争訟を裁判する。但し、議員の議席を失はせるには、出席議員の三分の二以上の多数による議決を必要とする。

第五十六条〔定足数、表決〕
①　両議院は、各々その総議員の三分の一以上の出席がなければ、議事を開き議決することができない。
②　両議院の議事は、この憲法に特別の定のある場合を除いては、出席議員の過半数でこれを決し、可否同数のときは、議長の決するところによる。

第五十七条〔会議の公開、会議録、表決の記載〕
①　両議院の会議は、公開とする。但し、出席議員の三分の二以上の多数で議決したときは、秘密会を開くことができる。
②　両議院は、各々その会議の記録を保存し、秘密会の記録の中で特に秘密を要すると認められる

ものを除き、これを公表し、かつ、一般に頒布しなければならない。

3　出席議員の五分の一以上の要求があるときは、各議員の表決を会議録に記載しなければならない。

第五十八条〔役員の選任並びに議院規則及び懲罰〕

1　両議院は、各々その議長その他の役員を選任する。

2　両議院は、各々その会議その他の手続及び内部の規律に関する規則を定め、並びに院内の秩序を乱した議員を懲罰することができる。ただし、議員を除名するには、出席議員の三分の二以上の多数による議決を必要とする。

第五十九条〔法律案の議決及び衆議院の優越〕

1　法律案は、この憲法に特別の定めのある場合を除いては、両議院で可決したとき法律となる。

2　衆議院で可決し、参議院でこれと異なった議決をした法律案は、衆議院で出席議員の三分の二

もの以外は、これを公表し、且つ一般に頒布しなければならない。

③　出席議員の五分の一以上の要求があれば、各議員の表決は、これを会議録に記載しなければならない。

第五十八条〔役員の選任、議院規則・懲罰〕

①　両議院は、各々その議長その他の役員を選任する。

②　両議院は、各々その会議その他の手続及び内部の規律に関する規則を定め、又、院内の秩序をみだした議員を懲罰することができる。但し、議員を除名するには、出席議員の三分の二以上の多数による議決を必要とする。

第五十九条〔法律案の議決、衆議院の優越〕

①　法律案は、この憲法に特別の定のある場合を除いては、両議院で可決したとき法律となる。

②　衆議院で可決し、参議院でこれと異なつた議決をした法律案は、衆議院で出席議員の三分の二

以上の多数で再び可決したときは、法律となる。
3 前項の規定は、法律の定めるところにより、衆議院が両議院の協議会を開くことを求めることを妨げない。
4 参議院が、衆議院の可決した法律案を受け取った後、国会休会中の期間を除いて六十日以内に、議決しないときは、衆議院は、参議院がその法律案を否決したものとみなすことができる。

第六十条〔予算案の議決等に関する衆議院の優越〕
1 予算案は、先に衆議院に提出しなければならない。
2 予算案について、参議院で衆議院と異なった議決をした場合において、法律の定めるところにより、両議院の協議会を開いても意見が一致しないとき、又は参議院が、衆議院の可決した予算案を受け取った後、国会休会中の期間を除いて三十日以内に、議決しないときは、衆議院の議決を国会の議決とする。

以上の多数で再び可決したときは、法律となる。
③ 前項の規定は、法律の定めるところにより、衆議院が、両議院の協議会を開くことを求めることを妨げない。
④ 参議院が、衆議院の可決した法律案を受け取つた後、国会休会中の期間を除いて六十日以内に、議決しないときは、衆議院は、参議院がその法律案を否決したものとみなすことができる。

第六十条〔衆議院の予算先議、予算議決に関する衆議院の優越〕
① 予算は、さきに衆議院に提出しなければならない。
② 予算について、参議院で衆議院と異なつた議決をした場合に、法律の定めるところにより、両議院の協議会を開いても意見が一致しないとき、又は参議院が、衆議院の可決した予算を受け取つた後、国会休会中の期間を除いて三十日以内に、議決しないときは、衆議院の議決を国会の議決とする。

第六十一条〔条約の承認に関する衆議院の優越〕
条約の締結に必要な国会の承認については、前条第二項の規定を準用する。

第六十二条〔議院の国政調査権〕
両議院は、各々国政に関する調査を行い、これに関して、証人の出頭及び証言並びに記録の提出を要求することができる。

第六十三条〔内閣総理大臣等の議院出席の権利及び義務〕
1　内閣総理大臣及びその他の国務大臣は、議案について発言するため両議院に出席することができる。
2　内閣総理大臣及びその他の国務大臣は、答弁又は説明のため議院から出席を求められたときは、出席しなければならない。ただし、職務の遂行上特に必要がある場合は、この限りでない。

第六十一条〔条約の承認に関する衆議院の優越〕
条約の締結に必要な国会の承認については、前条第二項の規定を準用する。

第六十二条〔議員の国政調査権〕
両議院は、各々国政に関する調査を行ひ、これに関して、証人の出頭及び証言並びに記録の提出を要求することができる。

第六十三条〔閣僚の議院出席の権利と義務〕
内閣総理大臣その他の国務大臣は、両議院の一に議席を有すると有しないとにかかはらず、何時でも議案について発言するため議院に出席することができる。又、答弁又は説明のため出席を求められたときは、出席しなければならない。

第六十四条〔弾劾裁判所〕
1　国会は、罷免の訴追を受けた裁判官を裁判するため、両議院の議員で組織する弾劾裁判所を設ける。
2　弾劾に関する事項は、法律で定める。

第六十四条の二〔政党〕
1　国は、政党が議会制民主主義に不可欠の存在であることに鑑み、その活動の公正の確保及びその健全な発展に努めなければならない。
2　政党の政治活動の自由は、保障する。
3　前二項に定めるもののほか、政党に関する事項は、法律で定める。

第五章　内閣

第六十五条〔内閣と行政権〕
行政権は、この憲法に特別の定めのある場合を除き、内閣に属する。

第六十四条〔弾劾裁判所〕
①　国会は、罷免の訴追を受けた裁判官を裁判するため、両議院の議員で組織する弾劾裁判所を設ける。
②　弾劾に関する事項は、法律でこれを定める。

〔新設〕

第五章　内閣

第六十五条〔行政権〕
行政権は、内閣に属する。

第六十六条（内閣の構成及び国会に対する責任）

1 内閣は、法律の定めるところにより、その首長である内閣総理大臣及びその他の国務大臣で構成する。

2 内閣総理大臣及び全ての国務大臣は、現役の軍人であってはならない。

3 内閣は、行政権の行使について、国会に対し連帯して責任を負う。

第六十七条（内閣総理大臣の指名及び衆議院の優越）

1 内閣総理大臣は、国会議員の中から国会が指名する。

2 国会は、他の全ての案件に先立って、内閣総理大臣の指名を行わなければならない。

3 衆議院と参議院とが異なった指名をした場合において、法律の定めるところにより、両議院の協議会を開いても意見が一致しないとき、又は衆議院が指名をした後、国会休会中の期間を除いて十日以内に、参議院が指名をしないときは、衆議院の指名を国会の指名とする。

第六十六条（内閣の組織、国会に対する連帯責任）

① 内閣は、法律の定めるところにより、その首長たる内閣総理大臣及びその他の国務大臣でこれを組織する。

② 内閣総理大臣その他の国務大臣は、文民でなければならない。

③ 内閣は、行政権の行使について、国会に対し連帯して責任を負ふ。

第六十七条（内閣総理大臣の指名、衆議院の優越）

① 内閣総理大臣は、国会議員の中から国会の議決で、これを指名する。この指名は、他のすべての案件に先だつて、これを行ふ。

② 衆議院と参議院とが異なつた指名の議決をした場合に、法律の定めるところにより、両議院の協議会を開いても意見が一致しないとき、又は衆議院が指名の議決をした後、国会休会中の期間を除いて十日以内に、参議院が、指名の議決をしないときは、衆議院の議決を国会の議決とする。

第六十八条〔国務大臣の任免〕
1 内閣総理大臣は、国務大臣を任命する。この場合においては、その過半数は、国会議員の中から任命しなければならない。
2 内閣総理大臣は、任意に国務大臣を罷免することができる。

第六十九条〔内閣の不信任と総辞職〕
内閣は、衆議院が不信任の決議案を可決し、又は信任の決議案を否決したときは、十日以内に衆議院が解散されない限り、総辞職をしなければならない。

第七十条〔内閣総理大臣が欠けたとき等の内閣の総辞職等〕
1 内閣総理大臣が欠けたとき、又は衆議院議員の総選挙の後に初めて国会の召集があったときは、内閣は、総辞職をしなければならない。
2 内閣総理大臣が欠けたとき、その他これに準ずる場合として法律で定めるときは、内閣総理大臣があらかじめ指定した国務大臣が、臨時に、

第六十八条〔国務大臣の任命及び罷免〕
① 内閣総理大臣は、国務大臣を任命する。但し、その過半数は、国会議員の中から選ばれなければならない。
② 内閣総理大臣は、任意に国務大臣を罷免することができる。

第六十九条〔内閣不信任決議の効果〕
内閣は、衆議院で不信任の決議案を可決し、又は信任の決議案を否決したときは、十日以内に衆議院が解散されない限り、総辞職をしなければならない。

第七十条〔内閣総理大臣の欠缺・新国会の召集と内閣の総辞職〕
内閣総理大臣が欠けたとき、又は衆議院議員総選挙の後に初めて国会の召集があつたときは、内閣は、総辞職をしなければならない。

〔新設〕

その職務を行う。

第七十一条〔総辞職後の内閣〕
前二条の場合には、内閣は、新たに内閣総理大臣が任命されるまでの間は、引き続き、その職務を行う。

第七十二条〔内閣総理大臣の職務〕
1　内閣総理大臣は、行政各部を指揮監督し、その総合調整を行う。
2　内閣総理大臣は、内閣を代表して、議案を国会に提出し、並びに一般国務及び外交関係について国会に報告する。
3　内閣総理大臣は、最高指揮官として、国防軍を統括する。

第七十三条〔内閣の職務〕
内閣は、他の一般行政事務のほか、次に掲げる事務を行う。
一　法律を誠実に執行し、国務を総理すること。
二　外交関係を処理すること。

第七十一条〔総辞職後の内閣〕
前二条の場合には、内閣は、あらたに内閣総理大臣が任命されるまで引き続きその職務を行ふ。

第七十二条〔内閣総理大臣の職務〕
内閣総理大臣は、内閣を代表して議案を国会に提出し、一般国務及び外交関係について国会に報告し、並びに行政各部を指揮監督する。

〔新設〕

〔新設〕

第七十三条〔内閣の職務〕
内閣は、他の一般行政事務の外、左の事務を行ふ。
一　法律を誠実に執行し、国務を総理すること。
二　外交関係を処理すること。
三　条約を締結すること。但し、事前に、時宜によ

三　条約を締結すること。ただし、事前に、やむを得ない場合は事後に、国会の承認を経ることを必要とする。

四　法律の定める基準に従い、国の公務員に関する事務をつかさどること。

五　予算案及び法律案を作成して国会に提出すること。

六　法律の規定に基づき、政令を制定すること。ただし、政令には、特にその法律の委任がある場合を除いては、義務を課し、又は権利を制限する規定を設けることができない。

七　大赦、特赦、減刑、刑の執行の免除及び復権を決定すること。

第七十四条〔法律及び政令への署名〕

法律及び政令には、全て主任の国務大臣が署名し、内閣総理大臣が連署することを必要とする。

第七十五条〔国務大臣の不訴追特権〕

国務大臣は、その在任中、内閣総理大臣の同意がな

つては事後に、国会の承認を経ることを必要とする。

四　法律の定める基準に従ひ、官吏に関する事務を掌理すること。

五　予算を作成して国会に提出すること。

六　この憲法及び法律の規定を実施するために、政令を制定すること。但し、政令には、特にその法律の委任がある場合を除いては、罰則を設けることができない。

七　大赦、特赦、減刑、刑の執行の免除及び復権を決定すること。

第七十四条〔法律・政令の署名〕

法律及び政令には、すべて主任の国務大臣が署名し、内閣総理大臣が連署することを必要とする。

第七十五条〔国務大臣の特典〕

国務大臣は、その在任中、内閣総理大臣の同意がな

ければ、公訴を提起されない。ただし、国務大臣でなくなった後に、公訴を提起することを妨げない。

第六章　司法

第七十六条〔裁判所と司法権〕

1　全て司法権は、最高裁判所及び法律の定めるところにより設置する下級裁判所に属する。

2　特別裁判所は、設置することができない。行政機関は、最終的な上訴審として裁判を行うことができない。

3　全て裁判官は、その良心に従い独立してその職権を行い、この憲法及び法律にのみ拘束される。

第七十七条〔最高裁判所の規則制定権〕

1　最高裁判所は、裁判に関する手続、弁護士、裁判所の内部規律及び司法事務処理に関する事項について、規則を定める権限を有する。

ければ、訴追されない。但し、これがため、訴追の権利は、害されない。

第六章　司法

第七十六条〔司法権・裁判所、特別裁判所の禁止、裁判官の独立〕

①　すべて司法権は、最高裁判所及び法律の定めるところにより設置する下級裁判所に属する。

②　特別裁判所は、これを設置することができない。行政機関は、終審として裁判を行ふことができない。

③　すべて裁判官は、その良心に従ひ独立してその職権を行ひ、この憲法及び法律にのみ拘束される。

第七十七条〔最高裁判所の規則制定権〕

①　最高裁判所は、訴訟に関する手続、弁護士、裁判所の内部規律及び司法事務処理に関する事項について、規則を定める権限を有する。

2　検察官、弁護士その他の裁判に関わる者は、最高裁判所の定める規則に従わなければならない。

3　最高裁判所は、下級裁判所に関する規則を定める権限を、下級裁判所に委任することができる。

第七十八条〔裁判官の身分保障〕

裁判官は、次条第三項に規定する場合及び心身の故障のために職務を執ることができないと裁判により決定された場合を除いては、第六十四条第一項の規定による裁判によらなければ罷免されない。行政機関は、裁判官の懲戒処分を行うことができない。

第七十九条〔最高裁判所の裁判官〕

1　最高裁判所は、その長である裁判官及び法律の定める員数のその他の裁判官で構成し、最高裁判所の長である裁判官以外の裁判官は、内閣が任命する。

2　最高裁判所の裁判官は、その任命後、法律の定

---

②　検察官は、最高裁判所の定める規則に従はなければならない。

③　最高裁判所は、下級裁判所に関する規則を定める権限を、下級裁判所に委任することができる。

第七十八条〔裁判官の身分の保障〕

裁判官は、裁判により、心身の故障のために職務を執ることができないと決定された場合を除いては、公の弾劾によらなければ罷免されない。裁判官の懲戒処分は、行政機関がこれを行ふことはできない。

第七十九条〔最高裁判所の裁判官、国民審査、定年、報酬〕

①　最高裁判所は、その長たる裁判官及び法律の定める員数のその他の裁判官でこれを構成し、その長たる裁判官以外の裁判官は、内閣でこれを任命する。

②　最高裁判所の裁判官の任命は、その任命後初め

めるところにより、国民の審査を受けなければならない。

3 前項の審査において罷免すべきとされた裁判官は、罷免される。

〔削除〕

4 最高裁判所の裁判官は、法律の定める年齢に達した時に退官する。

5 最高裁判所の裁判官は、全て定期に相当額の報酬を受ける。この報酬は、在任中、分限又は懲戒による場合及び一般の公務員の例による場合を除き、減額できない。

第八十条〔下級裁判所の裁判官〕

1 下級裁判所の裁判官は、最高裁判所の指名した者の名簿によって、内閣が任命する。その裁判官は、法律の定める任期を限って任命され、再任されることができる。ただし、法律の定める

て行はれる衆議院議員総選挙の際国民の審査に付し、その後十年を経過した後初めて行はれる衆議院議員総選挙の際更に審査に付し、その後も同様とする。

③ 前項の場合において、投票者の多数が裁判官の罷免を可とするときは、その裁判官は、罷免される。

④ 審査に関する事項は、法律でこれを定める。

⑤ 最高裁判所の裁判官は、法律の定める年齢に達した時に退官する。

⑥ 最高裁判所の裁判官は、すべて定期に相当額の報酬を受ける。この報酬は、在任中、これを減額することができない。

第八十条〔下級裁判所の裁判官・任期・定年、報酬〕

① 下級裁判所の裁判官は、最高裁判所の指名した者の名簿によつて、内閣でこれを任命する。その裁判官は、任期を十年とし、再任されることができる。但し、法律の定める年齢に達した時

年齢に達した時には、退官する。

2　前条第五項の規定は、下級裁判所の裁判官の報酬について準用する。

第八十一条〔法令審査権と最高裁判所〕

最高裁判所は、一切の法律、命令、規則又は処分が憲法に適合するかしないかを決定する権限を有する最終的な上訴審裁判所である。

第八十二条〔裁判の公開〕

1　裁判の口頭弁論及び公判手続並びに判決は、公開の法廷で行う。

2　裁判所が、裁判官の全員一致で、公の秩序又は善良の風俗を害するおそれがあると決した場合には、口頭弁論及び公判手続は、公開しないで行うことができる。ただし、政治犯罪、出版に関する犯罪又は第三章で保障する国民の権利が問題となっている事件の口頭弁論及び公判手続は、常に公開しなければならない。

には退官する。

②　下級裁判所の裁判官は、すべて定期に相当額の報酬を受ける。この報酬は、在任中、これを減額することができない。

第八十一条〔法令審査権と最高裁判所〕

最高裁判所は、一切の法律、命令、規則又は処分が憲法に適合するかしないかを決定する権限を有する終審裁判所である。

第八十二条〔裁判の公開〕

①　裁判の対審及び判決は、公開法廷でこれを行ふ。

②　裁判所が、裁判官の全員一致で、公の秩序又は善良の風俗を害する虞があると決した場合には、対審は、公開しないでこれを行ふことができる。但し、政治犯罪、出版に関する犯罪又はこの憲法第三章で保障する国民の権利が問題となつてゐる事件の対審は、常にこれを公開しなければならない。

第七章　財政

第八十三条〔財政の基本原則〕

1　国の財政を処理する権限は、国会の議決に基づいて行使しなければならない。

2　財政の健全性は、法律の定めるところにより、確保されなければならない。

第八十四条〔租税法律主義〕

租税を新たに課し、又は変更するには、法律の定めるところによることを必要とする。

第八十五条〔国費の支出及び国の債務負担〕

国費を支出し、又は国が債務を負担するには、国会の議決に基づくことを必要とする。

第八十六条〔予算〕

1　内閣は、毎会計年度の予算案を作成し、国会に提出して、その審議を受け、議決を経なければ

第七章　財政

第八十三条〔財政処理の基本原則〕

国の財政を処理する権限は、国会の議決に基いて、これを行使しなければならない。

〔新設〕

第八十四条〔課税〕

あらたに租税を課し、又は現行の租税を変更するには、法律又は法律の定める条件によることを必要とする。

第八十五条〔国費の支出及び国の債務負担〕

国費を支出し、又は国が債務を負担するには、国会の議決に基くことを必要とする。

第八十六条〔予算〕

内閣は、毎会計年度の予算を作成し、国会に提出して、その審議を受け議決を経なければならない。

ならない。

2　内閣は、毎会計年度中において、予算を補正するための予算案を提出することができる。

3　内閣は、当該会計年度開始前に第一項の議決を得られる見込みがないと認めるときは、暫定期間に係る予算案を提出しなければならない。

4　毎会計年度の予算は、法律の定めるところにより、国会の議決を経て、翌年度以降の年度においても支出することができる。

第八十七条〔予備費〕

1　予見し難い予算の不足に充てるため、国会の議決に基づいて予備費を設け、内閣の責任でこれを支出することができる。

2　全て予備費の支出については、内閣は、事後に国会の承諾を得なければならない。

第八十八条〔皇室財産及び皇室の費用〕

全て皇室財産は、国に属する。全て皇室の費用は、予算案に計上して国会の議決を経なければならない。

〔新設〕

〔新設〕

〔新設〕

第八十七条〔予備費〕

①　予見し難い予算の不足に充てるため、国会の議決に基いて予備費を設け、内閣の責任でこれを支出することができる。

②　すべて予備費の支出については、内閣は、事後に国会の承諾を得なければならない。

第八十八条〔皇室財産・皇室の費用〕

すべて皇室財産は、国に属する。すべて皇室の費用は、予算に計上して国会の議決を経なければならない。

第八十九条〔公の財産の支出及び利用の制限〕
1　公金その他の公の財産は、第二十条第三項ただし書に規定する場合を除き、宗教的活動を行う組織若しくは団体の使用、便益若しくは維持のため支出し、又はその利用に供してはならない。
2　公金その他の公の財産は、国若しくは地方自治体その他の公共団体の監督が及ばない慈善、教育若しくは博愛の事業に対して支出し、又はその利用に供してはならない。

第九十条〔決算の承認等〕
1　内閣は、国の収入支出の決算について、全て毎年会計検査院の検査を受け、法律の定めるところにより、次の年度にその検査報告とともに両議院に提出し、その承認を受けなければならない。
2　会計検査院の組織及び権限は、法律で定める。
3　内閣は、第一項の検査報告の内容を予算案に反映させ、国会に対し、その結果について報告しなければならない。

第八十九条〔公の財産の支出又は利用の制限〕
公金その他の公の財産は、宗教上の組織若しくは団体の使用、便益若しくは維持のため、又は公の支配に属しない慈善、教育若しくは博愛の事業に対し、これを支出し、又はその利用に供してはならない。

第九十条〔決算検査、会計検査院〕
①　国の収入支出の決算は、すべて毎年会計検査院がこれを検査し、内閣は、次の年度に、その検査報告とともに、これを国会に提出しなければならない。
②　会計検査院の組織及び権限は、法律でこれを定める。
〔新設〕

第九十一条〔財政状況の報告〕
内閣は、国会に対し、定期に、少なくとも毎年一回、国の財政状況について報告しなければならない。

第八章　地方自治

第九十二条〔地方自治の本旨〕
1　地方自治は、住民の参画を基本とし、住民に身近な行政を自主的、自立的かつ総合的に実施することを旨として行う。
2　住民は、その属する地方自治体の役務の提供を等しく受ける権利を有し、その負担を公平に分担する義務を負う。

第九十三条〔地方自治体の種類、国及び地方自治体の協力等〕
1　地方自治体は、基礎地方自治体及びこれを包括する広域地方自治体とすることを基本とし、その種類は、法律で定める。

第九十一条〔財政状況の報告〕
内閣は、国会及び国民に対し、定期に、少くとも毎年一回、国の財政状況について報告しなければならない。

第八章　地方自治

〔新設〕

〔新設〕

2　地方自治体の組織及び運営に関する基本的事項は、地方自治の本旨に基づいて、法律で定める。

3　国及び地方自治体は、法律の定める役割分担を踏まえ、協力しなければならない。地方自治体は、相互に協力しなければならない。

第九十四条（地方自治体の議会及び公務員の直接選挙）

1　地方自治体には、法律の定めるところにより、条例その他重要事項を議決する機関として、議会を設置する。

2　地方自治体の長、議会の議員及び法律の定めるその他の公務員は、当該地方自治体の住民であって日本国籍を有する者が直接選挙する。

第九十五条（地方自治体の権能）

地方自治体は、その事務を処理する権能を有し、法律の範囲内で条例を制定することができる。

第九十二条（地方自治の基本原則）

地方公共団体の組織及び運営に関する事項は、地方自治の本旨に基いて、法律でこれを定める。

（新設）

第九十三条（地方公共団体の機関、その直接選挙）

①　地方公共団体には、法律の定めるところにより、その議事機関として議会を設置する。

②　地方公共団体の長、その議会の議員及び法律の定めるその他の吏員は、その地方公共団体の住民が、直接これを選挙する。

第九十四条（地方公共団体の権能）

地方公共団体は、その財産を管理し、事務を処理し、及び行政を執行する権能を有し、法律の範囲内で条例を制定することができる。

第九十六条〔地方自治体の財政及び国の財政措置〕

1 地方自治体の経費は、条例の定めるところにより課する地方税その他の自主的な財源をもって充てることを基本とする。

2 国は、地方自治体において、前項の自主的な財源だけでは地方自治体の行うべき役務の提供ができないときは、法律の定めるところにより、必要な財政上の措置を講じなければならない。

3 第八十三条第二項の規定は、地方自治について準用する。

第九十七条〔地方自治特別法〕

特定の地方自治体の組織、運営若しくは権能について他の地方自治体と異なる定めをし、又は特定の地方自治体の住民にのみ義務を課し、権利を制限する特別法は、法律の定めるところにより、その地方自治体の住民の投票において有効投票の過半数の同意を得なければ、制定することができない。

〔新設〕

第九十五条〔特別法の住民投票〕

一の地方公共団体のみに適用される特別法は、法律の定めるところにより、その地方公共団体の住民の投票においてその過半数の同意を得なければ、国会は、これを制定することができない。

第九章　緊急事態

第九十八条〔緊急事態の宣言〕

1　内閣総理大臣は、我が国に対する外部からの武力攻撃、内乱等による社会秩序の混乱、地震等による大規模な自然災害その他の法律で定める緊急事態において、特に必要があると認めるときは、法律の定めるところにより、閣議にかけて、緊急事態の宣言を発することができる。

2　緊急事態の宣言は、法律の定めるところにより、事前又は事後に国会の承認を得なければならない。

3　内閣総理大臣は、前項の場合において不承認の議決があったとき、国会が緊急事態の宣言を解除すべき旨を議決したとき、又は事態の推移により当該宣言を継続する必要がないと認めるときは、法律の定めるところにより、閣議にかけて、当該宣言を速やかに解除しなければならない。また、百日を超えて緊急事態の宣言を継続しようとするときは、百日を超えるごとに、事

〔新設〕

前に国会の承認を得なければならない。

4　第二項及び前項後段の国会の承認については、第六十条第二項の規定を準用する。この場合において、同項中「三十日以内」とあるのは、「五日以内」と読み替えるものとする。

第九十九条〔緊急事態の宣言の効果〕

1　緊急事態の宣言が発せられたときは、法律の定めるところにより、内閣は法律と同一の効力を有する政令を制定することができるほか、内閣総理大臣は財政上必要な支出その他の処分を行い、地方自治体の長に対して必要な指示をすることができる。

2　前項の政令の制定及び処分については、法律の定めるところにより、事後に国会の承認を得なければならない。

3　緊急事態の宣言が発せられた場合には、何人も、法律の定めるところにより、当該宣言に係る事態において国民の生命、身体及び財産を守るために行われる措置に関して発せられる国その他

〔新設〕

公の機関の指示に従わなければならない。この場合においても、第十四条、第十八条、第十九条、第二十一条その他の基本的人権に関する規定は、最大限に尊重されなければならない。

4　緊急事態の宣言が発せられた場合においては、法律の定めるところにより、その宣言が効力を有する期間、衆議院は解散されないものとし、両議院の議員の任期及びその選挙期日の特例を設けることができる。

第十章　改正

第百条

1　この憲法の改正は、衆議院又は参議院の議員の発議により、両議院のそれぞれの総議員の過半数の賛成で国会が議決し、国民に提案してその承認を得なければならない。この承認には、法律の定めるところにより行われる国民の投票において有効投票の過半数の賛成を必要とする。

2　憲法改正について前項の承認を経たときは、天

第九章　改正

第九十六条〔改正の手続、その公布〕

①　この憲法の改正は、各議院の総議員の三分の二以上の賛成で、国会が、これを発議し、国民に提案してその承認を経なければならない。この承認には、特別の国民投票又は国会の定める選挙の際行はれる投票において、その過半数の賛成を必要とする。

②　憲法改正について前項の承認を経たときは、天

皇は、直ちに憲法改正を公布する。

第十一章　最高法規

〔削除〕

第百一条〔憲法の最高法規性等〕

1　この憲法は、国の最高法規であって、その条規に反する法律、命令、詔勅及び国務に関するその他の行為の全部又は一部は、その効力を有しない。

2　日本国が締結した条約及び確立された国際法規は、これを誠実に遵守することを必要とする。

皇は、国民の名で、この憲法と一体を成すものとして、直ちにこれを公布する。

第十章　最高法規

第九十七条〔基本的人権の本質〕

この憲法が日本国民に保障する基本的人権は、人類の多年にわたる自由獲得の努力の成果であつて、これらの権利は、過去幾多の試錬に堪へ、現在及び将来の国民に対し、侵すことのできない永久の権利として信託されたものである。

第九十八条〔最高法規、条約及び国際法規の遵守〕

①　この憲法は、国の最高法規であつて、その条規に反する法律、命令、詔勅及び国務に関するその他の行為の全部又は一部は、その効力を有しない。

②　日本国が締結した条約及び確立された国際法規は、これを誠実に遵守することを必要とする。

第百二条（憲法尊重擁護義務）

1　全て国民は、この憲法を尊重しなければならない。

2　国会議員、国務大臣、裁判官その他の公務員は、この憲法を擁護する義務を負う。

附則

（施行期日）

1　この憲法改正は、平成○年○月○日から施行する。ただし、次項の規定は、公布の日から施行する。

（施行に必要な準備行為）

2　この憲法改正を施行するために必要な法律の制定及び改廃その他この憲法改正を施行するために必要な準備行為は、この憲法改正の施行の日よりも前に行うことができる。

第九十九条（憲法尊重擁護の義務）

天皇又は摂政及び国務大臣、国会議員、裁判官その他の公務員は、この憲法を尊重し擁護する義務を負ふ。

第十一章　補則

第百条（憲法施行期日、準備手続）

①　この憲法は、公布の日から起算して六箇月を経過した日から、これを施行する。

②　この憲法を施行するために必要な法律の制定、参議院議員の選挙及び国会召集の手続並びにこの憲法を施行するために必要な準備手続は、前項の期日よりも前に、これを行ふことができる。

第百一条（経過規定――参議院未成立の間の国会）

この憲法施行の際、参議院がまだ成立してゐないときは、その成立するまでの間、衆議院は、国会としての権限を行ふ。

〔適用区分等〕

3　改正後の日本国憲法第七十九条第五項後段（改正後の第八十条第二項において準用する場合を含む。）の規定は、改正前の日本国憲法の規定により任命された最高裁判所の裁判官及び下級裁判所の裁判官の報酬についても適用する。

4　この憲法改正の施行の際現に在職する下級裁判所の裁判官については、その任期は改正前の日本国憲法第八十条第一項の規定による任期の残任期間とし、改正後の日本国憲法第八十条第一項の規定により再任されることができる。

5　改正後の日本国憲法第八十六条第一項、第二項及び第四項の規定はこの憲法改正の施行後に提出される予算案及び予算から、同条第三項の規定はこの憲法改正の施行後に提出される同条第一項の予算案に係る会計年度における暫定期間に係る予算案から、それぞれ適用し、この憲法改正の施行前に提出された予算及び当該予算に係る会計年度における暫定期間に係る予算については、なお従前の例による。

第百二条〔同前——第一期参議院議員の任期〕

この憲法による第一期の参議院議員のうち、その半数の者の任期は、これを三年とする。その議員は、法律の定めるところにより、これを定める。

第百三条〔同前——公務員の地位〕

この憲法施行の際現に在職する国務大臣、衆議院議員及び裁判官並びにその他の公務員で、その地位に相応する地位がこの憲法で認められてゐる者は、法律で特別の定をした場合を除いては、この憲法施行のため、当然にはその地位を失ふことはない。但し、この憲法によつて、後任者が選挙又は任命されたときは、当然その地位を失ふ。

6　改正後の日本国憲法第九十条第一項及び第三項の規定は、この憲法改正の施行後に提出される決算から適用し、この憲法改正の施行前に提出された決算については、なお従前の例による。

憲法改正推進本部〔平成二十三年十二月二十日現在〕
〔平成二十一年十二月四日設置〕

本部長　保利耕輔
最高顧問　麻生太郎　安倍晋三　福田康夫
森喜朗
顧問　古賀誠　中川秀直　野田毅　谷川秀善
中曽根弘文　関谷勝嗣　中山太郎
船田元　保岡興治
副会長　石破茂　木村太郎　中谷元　平沢勝栄
古屋圭司　小坂憲次　中川雅治
溝手顕正
事務局長　中谷元
事務局次長　井上信治　近藤三津枝　礒崎陽輔
岡田直樹

憲法改正推進本部　起草委員会

〔平成二十三年十二月二十二日〕

委員長　中谷元
顧問　保利耕輔　小坂憲次
幹事　川口順子　中川雅治　西田昌司
委員　井上信治　石破茂　木村太郎
近藤三津枝〈兼務〉　柴山昌彦
田村憲久　棚橋泰文　中川秀直
野田毅　平沢勝栄　古屋圭司
有村治子　礒崎陽輔〈兼務〉
衛藤晟一　大家敏志　片山さつき
佐藤正久　中曽根弘文　藤川政人
古川俊治　丸山和也　山谷えり子
若林健太
事務局長　礒崎陽輔
事務局次長　近藤三津枝

出所：自民党　憲法改正推進本部／
日本国憲法改正草案
https://jimin.ncss.nifty.com/pdf/news/policy/130250_1.pdf

あとがき

Ⅰ

「憲法教室」は、国民を「平和」のもとで「幸福」にしようとしている日本国憲法の全面的開花と改憲阻止を目指して、率直に語り合う場を作りたいという著者の願いを受け止めて下さった婦人民主クラブの御英断により、二〇一二年七月二〇日に、誕生しました。

「憲法教室」は、(1)タブー(taboo:触れてはいけないこと)を作らず、言いたいことは残さず言う、(2)何を言われても恨まない、(3)何を言っても恨まれないの「憲法教室・三原則」に基づいて運営され、毎回、真剣な討論が交わされています。

Ⅱ

本書は、婦人民主クラブの機関紙「婦民新聞」に掲載されている毎月1回の「憲法教室」の講義の内容を元にして、教室での討論も踏まえて、まとめたものです。

本書には、著者の力不足によって、多くの問題点が含まれているであろうと思われます。今後、その問題点をめぐって、読者諸賢と対話ができうるならば、著者にとって、この上ない喜びです。

Ⅲ

本書は、実に多くの方方の〝おかげ〟により、生まれました。

「憲法教室」の創設と「婦民新聞」に掲載された講義の内容を元に本書を出版することを御快諾下さった婦人民主クラブの櫻井幸子会長を初めとする執行役員のみなさん、「婦民新聞」に「憲法教室」の講義の内容を御執筆下さっている婦民新聞編集長の大西和子さん、「憲法教室」の事務局を御担当下さっている婦人民主クラブ・憲法部会のみなさん、「憲法教室」に御出席下さっているみなさんに対して、心より厚く厚く御礼を申し上げます。

また、本書の出版のために大変なお世話をいただいた本の泉社の比留川洋社長と田近裕之主任に対して、並びに、印刷と製本のお仕事をして下さったみなさんに対して、衷心より感謝を申し上げます。

二〇一七年一一月

金子　勝

●著者略歴

金子　勝（かねこ・まさる）

1944年1月16日、愛知県に生まれる。
1966年3月に愛知大学法経学部法学科を卒業する。愛知大学大学院で鈴木安蔵氏に師事。現在、立正大学法学部名誉教授。国民の「幸福」のために、世界と日本の憲法問題を科学的に解明するためには、憲法学・政治学・社会科学が必要であるとの考えから、憲法学、政治学、社会科学論を専攻。著書に、『社会科学の構造』（1986年、勁草書房）、『日本国憲法の原理と「国家改造構想」』（1994年、勁草書房）、『社会科学の世界』（1999年、勁草書房）、『憲法の論理と安保の論理』（2013年、勁草書房）がある。共著に、『やさしい憲法をお母さんへ』（1998年、自治体研究社）、『おかあさんと語る教育基本法―子どもたちのすこやかな成長のために――』（2003年、本の泉社）、『憲法？』（2006年、本の泉社）などがある。趣味は、漫画と落語。斎藤隆介作・滝平二郎絵の創作民話『花さき山』（1969年、岩崎書店）が、大好き。

金子《かね こ》勝《まさる》先生《せんせい》のやさしい憲法教室《けんぽうきょうしつ》――自民党《じみんとう》「日本国憲法改正草案《にほんこくけんぽうかいせいそうあん》」をきる〈第一巻〉

2018年1月28日　初版　第1刷　発行

著　者　金子《かねこ》　勝《まさる》
発行者　比留川　洋
発行所　株式会社　本の泉社
〒113-0033　東京都文京区本郷2-25-6
電話 03-5800-8494　FAX 03-5800-5353
http://www.honnoizumi.co.jp/
DTPデザイン　田近裕之
印刷　新日本印刷　株式会社
製本　株式会社　村上製本所

ISBN978-4-7807-1600-9　C0036